국어

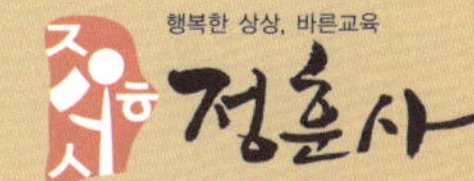

자료 출처 : 한국교육과정평가원(http://www.kice.re.kr)
서울특별시 교육청(http://www.sen.go.kr)

머리말

　인생 자체가 치열한 경쟁의 연속인 만큼 검정고시 역시 생존경쟁의 한 장이며, 우리가 하나의 목표를 향해 나아갈 때 그 과정이 어떠한지 알고 추진하는 사람은 보다 쉽고 정확하게 원하는 바를 얻을 수 있습니다.

　검정고시라는 관문을 통과하기 위해 주경야독의 외로운 길을 걷고 있는 많은 수험생들에게 무엇보다도 필요한 것은 성취 의욕과 목표 의식일 것입니다. 그리고 거기에 따르는 철저한 계획과 준비가 있어야 합니다.

　그러므로 검정고시를 준비하는 수험생들은 전 과정을 가장 짧은 시간 내에 숙지할 수 있도록 구성된 교재를 선택하고, 선택한 그 순간부터 목표를 향한 힘찬 발걸음을 시작해야 합니다.

첫째, 새롭게 개정된 교육과정을 반영하고, 교과 내용을 빈틈없이 분석하여 구성한 최신간입니다.

둘째, 단원마다 중요 개념과 원리를 보다 쉽고 정확하게 이해할 수 있도록 교과 내용을 체계적이고 논리적으로 정리하였습니다.

셋째, 학습 내용을 바로 확인할 수 있도록 문제를 구성하고 어려운 내용을 보다 쉽게 이해할 수 있도록 해설하였습니다.

넷째, 기출문제를 분석하여 자주 출제되는 유형을 체크하고 문제마다 꼼꼼한 해설을 붙였습니다. 그리고 문제 해결력과 응용력을 길러 주는 단원 마무리 문제를 구성, 문제의 유형을 파악할 수 있도록 하였습니다.

　검정고시 기출문제의 철저한 분석을 토대로 구성된 '**술술 풀리는 초등 국어**'는 바로 여러분의 목표를 가장 쉽고, 가장 빠르게 이루도록 이끌어 주는 길잡이가 될 것이니, 인내심을 가지고 꾸준히 공부한다면 반드시 좋은 결실을 거둘 수 있을 것입니다.

편저자 일동

1. 고시일정

회 차	공고일	접수일	시험일	합격자 발표
제1회	1월 말 ~ 2월 초	2월 초 ~ 중순	4월 초 ~ 중순	5월 중순 ~ 말
제2회	5월 말 ~ 6월 초	6월 초 ~ 중순	7월 말 ~ 8월 초	8월 말

2. 고시과목(6과목)

① 필수 4과목 : 국어, 사회, 수학, 과학

② 선택 2과목 : 도덕, 체육, 음악, 미술, 실과, 영어

3. 응시자격

① 검정고시가 시행되는 해의 전(前)년도를 기준으로 만 11세 이상인 사람으로서 초등학교 교육과정을 이수하지 아니한 사람

② 초등학교(특수학교 포함) 재학생 중 만 11세 이상인 사람으로서 학적이 정원 외로 관리되는 사람

③ 보호소년 등의 처우에 관한 법률 시행령 제69조 제1호에 해당하는 사람

4. 응시자격 제한

① 초등학교를 졸업한 사람

② 초등학교(특수학교 포함) 재학 중인 사람

③ 공고일 이후 초등학교(특수학교 포함)에 재학 중 학적이 정원 외로 관리되는 사람

④ 공고일 기준으로 고시에 관하여 부정행위를 한 사람으로서 처분일부터 응시자격 제한기간이 경과되지 아니한 사람

5. 제출서류(현장접수)

① 응시원서(소정서식) 1부

② 동일한 사진 2매(탈모 상반신, 3.5cm×4.5cm, 3개월 이내 촬영)

③ 본인의 해당 최종학력증명서 1부

- 졸업(졸업예정)증명서(소정서식)
- 초등학교 및 중학교 의무교육 대상자 중 정원 외 관리대상자는 정원 외 관리증명서
- 초등학교 및 중학교 의무교육 대상자 중 면제자는 면제증명서(소정서식)
- 평생교육법 제40조, 초·중등교육법 시행령 제96조제1항제2호 및 제97조제1항제3호에 따른 학력인정 대상자는 학력인정(증명)서
- 합격과목의 시험 면제를 원하는 사람은 과목합격증명서 또는 성적증명서

④ 신분증 : 주민등록증, 외국인등록증, 운전면허증, 대한민국 여권, 청소년증 중 하나

⑤ 추가 제출 서류

- 장애인 편의제공 대상자는 복지카드 또는 장애인등록증 사본(원본 지참), 장애인 편의제공 신청서, 상이등급 표시된 국가유공자증(국가유공자확인원)
- 과목면제 해당자 중 평생학습계좌제가 평가 인정한 학습과정 중 시험과목에 관련된 과정을 90시간 이상 이수한 사람은 평생학습이력증명서

6. 출제형태

① 출제유형 : 객관식 4지 선다형

② 문항수 및 배점 : 각 과목별 20문항, 1문항당 5점

③ 합격점수 : 각 과목을 100점 만점으로 하여 평균 60점 이상
   ※ 평균이 60점 이상이라 하더라도 결시과목이 있을 경우에는 불합격 처리함

시험에 관한 자세한 사항은 해당 시·도 교육청 홈페이지에서 시험공고문을 확인하시기 바랍니다.

차 례

이 책의 구성

이론 학습 후 연습문제를
풀어보면 기본이 탄탄해지고,
실력이 쑥쑥 올라가요.

이론 학습을 마쳤다면 어떻게 문제로
출제되는지 확인할 수 있도록 대표
기출 문제를 수록하였으니 내 실력을
바로 확인해 보세요.

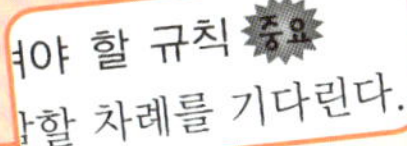

시험에 자주 출제되는 내용에
중요 표시를 하였으니 꼭 알아두세요!
알아두면 점수 따는 내용을 좀더 보충
하였습니다. 더 알아두기는 가벼운
마음으로 읽어보세요.

소단원마다 배운 내용을
잊어버리지 않도록 기본다지기
문제를 구성하였으니, 차근차근
풀어보세요

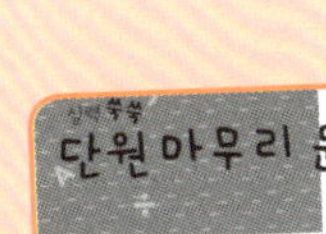

단원마다 배운 내용을 잊지
않도록 단원 마무리 문제를 수록
하였으니 차근차근풀어 보면서
실제 시험에 대비하세요.

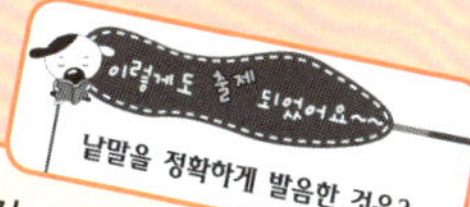

다년간 기출문제를 분석하여
자주 나오는 문제를 예상문제와
함께 비교하여 수록하였으니,
꼭꼭 내것으로 만들어보세요.

시험에 꼭 나오는 내용을 정리하였으니
이것만은 반드시 암기하세요! 본문의 이론과
함께 살펴보면 참 좋아요!

"
시험에 꼭 나올 내용만 한 권으로
"

1. 닿소리(자음)

◆ 큰소리로 읽어 보세요

ㄱ 기역	ㄴ 니은	ㄷ 디귿	ㄹ 리을	ㅁ 미음
ㅂ 비읍	ㅅ 시옷	ㅇ 이응	ㅈ 지읒	ㅊ 치읓
ㅋ 키읔	ㅌ 티읕	ㅍ 피읖	ㅎ 히읗	

2. 홀소리(모음)

◆ 큰소리로 읽어 보세요

ㅏ 아	ㅑ 야	ㅓ 어	ㅕ 여	ㅗ 오
ㅛ 요	ㅜ 우	ㅠ 유	ㅡ 으	ㅣ 이

◆ 기본 음절표

홀 닿	ㅏ	ㅑ	ㅓ	ㅕ	ㅗ	ㅛ	ㅜ	ㅠ	ㅡ	ㅣ
ㄱ	가	갸	거	겨	고	교	구	규	그	기
ㄴ	나	냐	너	녀	노	뇨	누	뉴	느	니
ㄷ	다	댜	더	뎌	도	됴	두	듀	드	디
ㄹ	라	랴	러	려	로	료	루	류	르	리
ㅁ	마	먀	머	며	모	묘	무	뮤	므	미
ㅂ	바	뱌	버	벼	보	뵤	부	뷰	브	비
ㅅ	사	샤	서	셔	소	쇼	수	슈	스	시
ㅇ	아	야	어	여	오	요	우	유	으	이
ㅈ	자	쟈	저	져	조	죠	주	쥬	즈	지
ㅊ	차	챠	처	쳐	초	쵸	추	츄	츠	치
ㅋ	카	캬	커	켜	코	쿄	쿠	큐	크	키
ㅌ	타	탸	터	텨	토	툐	투	튜	트	티
ㅍ	파	퍄	퍼	펴	포	표	푸	퓨	프	피
ㅎ	하	햐	허	혀	호	효	후	휴	흐	히

◆ 기본 음절의 짜임

1. 자음에 모음을 오른쪽에 붙이거나 [ㄱ+ㅏ] 아래에서 받쳐 글자
   모양을 [ㅇ+ㅜ] 이룬다 **[가.우]**

2. 위의 기본 음절표를 보고 <u>글자를</u> 구성해 보면 모두 **140글자**가
   이루어진다

◆ 아래의 □ 안에 기본 음절의 따라 140글잘를 필순에 따라 바르게 써 보고 잃어 봅시다

홀 닿	ㅏ	ㅑ	ㅓ	ㅕ	ㅗ	ㅛ	ㅜ	ㅠ	ㅡ	ㅣ
ㄱ										
ㄴ										
ㄷ										
ㄹ										
ㅁ										
ㅂ										
ㅅ										
ㅇ										
ㅈ										
ㅊ										
ㅋ										
ㅌ										
ㅍ										
ㅎ										

연 습

홀 닿	ㅏ	ㅑ	ㅓ	ㅕ	ㅗ	ㅛ	ㅜ	ㅠ	ㅡ	ㅣ
ㄱ										
ㄴ										
ㄷ										
ㄹ										
ㅁ										
ㅂ										
ㅅ										
ㅇ										
ㅈ										
ㅊ										
ㅋ										
ㅌ										
ㅍ										
ㅎ										

듣기 · 말하기

제1절 듣 기

제2절 말하기

세상의 어떤 것도 그대의 정직과 성실 만큼 그대를 돕는 것은 없다.

– 벤자민 프랭클린

술술 풀리는
초등 국어

1 시와 이야기 듣기

(1) 시를 듣는 방법

① 장면을 떠올리며 듣는다.

② 시에 어울리는 제목을 생각하며 듣는다.

③ 글감과 주제가 무엇인지 생각하며 듣는다.

④ 글감을 무엇에 비유했는지 생각하며 듣는다.

(2) 내용 간추리며 이야기 듣기

① 내용 간추리며 이야기를 듣는 방법

㉠ 사건의 원인과 결과를 생각하며 듣는다.

　원인 : 어떤 사건을 일어나게 한 일

　결과 : 그 사건 때문에 일어난 일

㉡ 사건이 일어난 차례를 생각하며 듣는다.

㉢ 장소의 바뀜을 생각하며 듣는다.

② 이야기의 내용을 간추리는 방법

㉠ 인물이 한 행동을 중심으로 내용을 간추린다. → 언제, 누가, 무엇을 하였는지 주의하며 읽는다.

㉡ 사건의 원인과 결과에 따라 내용을 간추린다.

ㄷ 사건이 일어난 차례에 따라 내용을 간추린다.

ㄹ 장소의 바뀜에 따라 내용을 간추린다.

③ 중요한 내용을 간추려 쓰면 좋은 점 : 내용을 쉽게 이해하고 오래 기억할 수 있다.

(3) 이야기를 듣고 주제를 파악하는 방법

① 이야기의 줄거리를 알아본다.

② 주요 인물의 말과 행동을 알아본다.

③ 이야기의 줄거리, 주요 인물의 말과 행동에 대한 내 생각이나 느낌을 바탕으로 하여 주제를 파악한다.

🌱 이야기의 주제 : 이야기에서 글쓴이가 말하고자 하는 의도나 삶에 대한 자세

2 설명하는 말 듣기

(1) 듣는 목적을 생각하며 듣기

듣는 목적에 따라 중요한 내용이 달라지기 때문에 설명하는 말을 들을 때에는 듣는 목적을 생각하며 들어야 한다.

(2) 중요한 내용을 정리하며 듣기

① 중요한 낱말이나 내용을 메모하면서 듣는다.

② 언제, 어디에서, 무엇을 하는지 생각하면서 듣는다.

메모하면서 들으면 좋은 점

1. 중요한 내용을 빠뜨리지 않고 들을 수 있다.
2. 많은 내용을 기억할 수 있다.
3. 들은 내용을 쉽게 기억할 수 있다.
4. 들은 내용을 다른 사람에게 전할 때 편리하게 이용할 수 있다.

③ 소개하는 말 듣기

(1) 소개하는 말을 듣고 적극적으로 반응하는 방법
① 궁금한 점을 물어본다.
② 함께 흥미나 관심을 가질 수 있는 이야깃거리로 말한다.
③ 알맞은 표정을 짓거나 적절한 몸짓을 한다.
④ 친구가 하는 말에 맞장구치는 말을 한다.

(2) 소개하는 말을 듣고 적극적으로 반응하면 좋은 점
① 기분이 좋아진다.
② 궁금한 점을 물어보면 친구에 대하여 더 잘 알 수 있다.

(3) 소개하는 말을 들을 때의 자세
친구와 눈을 맞추면서 고개를 끄덕이거나 미소를 짓는다.

④ 경험담 듣기

(1) 경험담의 뜻
경험담은 내가 듣거나 보거나 실제로 해 본 경험을 담은 이야기이다. **예** 지난겨울에 내가 경험한 일 : 설날 아침에 할아버지, 할머니께 세배를 하였습니다.

(2) 경험담을 나누면 좋은 점
① 친구들(다른 사람)과 더 친해질 수 있다.
② 정보나 즐거움을 얻는다.

(3) 경험담을 들을 때에 주의할 점

① 말하는 이의 몸짓이나 표정에 주의하며 듣는다.

② 말하는 이의 말투나 목소리의 높낮이, 말의 세기 등에 주의하며 듣는다.

(4) 경험담을 들려줄 때에 주의할 점

① 경험한 이야기의 장면을 떠올린다.

　　🌱 언제, 어디에서, 무슨 일을 경험하였는지를 생각한다.

② 경험담의 내용에 알맞은 표정을 짓고 몸짓을 한다.

③ 경험담의 내용에 알맞은 말투나 목소리를 사용한다.

5 뉴 스

(1) 뉴스의 뜻

뉴스는 최근에 일어난 사건 또는 정보를 보도한 것이다.

(2) 뉴스의 짜임새

① 신문 뉴스의 구성 : 제목, 소제목, 요약문, 본문

② 텔레비전 뉴스의 구성 : 진행자의 소개, 기자의 보도, 기자의 마무리 말

③ 뉴스에는 보는 사람의 이해를 돕기 위한 통계 자료나 시각 자료, 전문가나 일반 시민의 인터뷰가 포함되기도 한다.

(3) 뉴스에서 정보나 사건을 보도하는 기준

① 시의성 : 시간적으로 얼마나 빠르게 보도되는 정보나 사건인가?

② 예외성 : 날마다 반복되지 않는 예외적인 정보나 사건인가?

③ 근접성 : 듣거나 보는 사람에게 지리적으로나 심리적으로 얼마나 가까운 정보나 사건인가?

④ **영향성** : 사회적으로 얼마나 큰 영향을 끼칠 수 있는 정보나 사건인가?

⑤ **저명성** : 얼마나 유명하고 권위가 있는 사람이나 대상인가?

(4) 뉴스에서 관점을 찾는 방법

① 제목이 강조하는 내용을 주의 깊게 살펴본다.

② 어떤 표현을 주로 사용하였는지 살펴본다.

③ 주로 어떤 사람의 의견을 취재하였는지 살펴본다.

🌱 뉴스의 관점 : 정보나 사건을 바라보는 입장

(5) 텔레비전 뉴스의 제작 과정

(6) 뉴스의 사회적 기능

① 정보 전달의 기능 : 새로운 정보를 시민들에게 알려 준다.

② 사회 현상 비판의 기능 : 특정한 사회 현상에 대하여 긍정적이거나 비판적인 시각을 가지게 한다.

③ 여론 형성의 기능 : 새로운 여론을 형성한다.

기본 다지기 문제

01 시를 들을 때의 태도로 알맞지 <u>않은</u> 것은?

① 시작하는 부분만 주의 깊게 듣는다.

② 시에 어울리는 제목을 생각하며 듣는다.

③ 글감과 주제가 무엇인지 생각하며 듣는다.

④ 글감을 무엇에 비유했는지 생각하며 듣는다.

① 시의 내용을 생각하면서 끝까지 주의 깊게 듣는다.

02 친구와 서로 경험담을 나누면 좋은 점으로 알맞은 것은?

① 친구의 미래를 알 수 있다.   ② 내 경험으로 만들 수 있다.

③ 친구의 마음을 알 수 없다.   ④ 친구와 더 친해질 수 있다.

경험담을 나누면 친구들과 더 친해질 수 있고 정보나 즐거움을 얻는다.

03 설명하는 말을 들을 때에 주의할 점으로 알맞은 것은?

① 내용을 외우면서 듣는다.   ② 중요한 내용을 정리하며 듣는다.

③ 내 생각과 비교하면서 듣는다.   ④ 옆 사람과 대화하면서 듣는다.

설명하는 말을 들을 때에 주의할 점
- 듣는 목적을 생각하며 듣는다.
- 중요한 내용을 정리하며 듣는다.

정답 01 ①   02 ④   03 ②

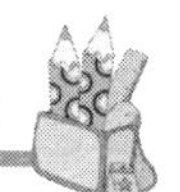

04 소개하는 말을 듣고 적극적으로 반응하면 좋은 점으로 알맞은 것은?

① 기분이 좋아진다.

② 기분이 우울해진다.

③ 상대방을 쉽게 설득할 수 있다.

④ 성격이 나쁜 친구로 보일 수 있다.

소개하는 말을 듣고 적극적으로 반응하면 기분이 좋아지고, 친구에 대하여 더 잘 알 수 있어서 친구와 친해질 수 있다.

05 다음 중 들을 때의 태도로 알맞지 <u>않은</u> 것은?

① 주의를 집중해서 듣는다.

② 말하는 사람을 보면서 듣는다.

③ 중심 내용을 생각하면서 듣는다.

④ 듣다가 모르는 것이 있으면 바로 질문한다.

궁금한 것이 있으면 이야기를 다 듣고 난 후 질문한다.

06 최근에 일어난 사건 또는 정보를 보도한 것은 무엇인가?

① 드라마   ② 뉴스

③ 영화   ④ 광고

뉴스는 최근에 일어난 사건 또는 정보를 보도한 것으로, '세상을 보는 창'이라고도 한다.

제2절 말하기

1 발 음

(1) 자음과 모음

① 자음의 명칭

ㄱ(기역)   ㄴ(니은)   ㄷ(디귿)   ㄹ(리을)   ㅁ(미음)   ㅂ(비읍)   ㅅ(시옷)

ㅇ(이응)   ㅈ(지읒)   ㅊ(치읓)   ㅋ(키읔)   ㅌ(티읕)   ㅍ(피읖)   ㅎ(히읗)

ㄲ(쌍기역)   ㄸ(쌍디귿)   ㅃ(쌍비읍)   ㅆ(쌍시옷)   ㅉ(쌍지읒)

② 모음의 명칭

ㅏ(아)   ㅑ(야)   ㅓ(어)   ㅕ(여)   ㅗ(오)   ㅛ(요)   ㅜ(우)   ㅠ(유)   ㅡ(으)

ㅣ(이)   ㅐ(애)   ㅒ(얘)   ㅔ(에)   ㅖ(예)   ㅘ(와)   ㅙ(왜)   ㅚ(외)   ㅝ(워)

ㅞ(웨)   ㅟ(위)   ㅢ(의)

(2) 받침의 발음

① 받침소리로는 〈ㄱ, ㄴ, ㄷ, ㄹ, ㅁ, ㅂ, ㅇ〉의 7개 자음만 발음한다.

② 단어의 끝 또는 자음 앞에서 받침 〈ㄲ, ㅋ〉은 [ㄱ]으로, 〈ㅅ, ㅆ, ㅈ, ㅊ, ㅌ〉은 [ㄷ]으로, 〈ㅍ〉은 [ㅂ]으로 발음한다.

| 닭다[닥따] | 부엌[부억] | 앞[압] | 낫, 낮, 낯, 낱[낟] |

③ 받침 〈ㅎ〉의 발음

㉠ 〈ㅎ(ㄶ, ㅀ)〉 뒤에 〈ㄱ, ㄷ, ㅈ〉이 결합되는 경우에는 뒤 음절 첫소리와 합쳐서 [ㅋ, ㅌ, ㅊ]으로 발음한다.

| 놓고[노코] | 좋던[조ː턴] | 쌓지[싸치] |
| 많고[만ː코] | 않던[안턴] | 닳지[달치] |

- 받침 〈ㄱ(ㄺ), ㄷ, ㅂ(ㄼ), ㅈ(ㄵ)〉이 뒤 음절 첫소리 〈ㅎ〉과 결합되는 경우에도 역시 두 음을 합쳐서 [ㅋ, ㅌ, ㅍ, ㅊ]으로 발음한다. 예 각하[가카], 육학년[유캉년], 맏형[마텽], 넓히다[널피다], 법학[버팍], 꽂히다[꼬치다]

- 〈ㄷ〉으로 발음되는 〈ㅅ, ㅈ, ㅊ, ㅌ〉의 경우에도 이에 준한다. 예 옷 한 벌[오탄벌], 낮 한때[나탄때], 꽃 한 송이[꼬탄송이], 숱하다[수타다]

ⓛ 〈ㅎ(ㄶ, ㅀ)〉 뒤에 〈ㅅ〉이 결합되는 경우에는 〈ㅅ〉을 [ㅆ]으로 발음한다.
예 닿소[다쏘], 많소[만 : 쏘], 싫소[실쏘]

ⓒ 〈ㅎ〉 뒤에 〈ㄴ〉이 결합되는 경우에는 [ㄴ]으로 발음한다. 예 놓는[논는], 쌓네[싼네]

ⓓ 〈ㅎ(ㄶ, ㅀ)〉 뒤에 모음으로 시작된 어미나 접미사가 결합되는 경우에는 〈ㅎ〉을 발음하지 않는다. 예 낳은[나은], 쌓이다[싸이다], 않은[아는], 싫어도[시러도]

1 밑줄 친 두 낱말을 이어서 정확하게 발음하여 봅시다.

(1) 오늘 아침에 <u>국 한 그릇을</u> 다 먹었다.

(2) 내 생일에 <u>꽃 한 송이</u>를 선물 받았다.

(3) 오늘 날씨는 <u>낮 한때</u> 소나기가 오겠습니다.

2 밑줄 친 낱말의 발음으로 맞는 것에 ○표를 해 봅시다.

(1) 힘이 <u>약한</u> 사람을 도와야 한다. [야칸 / 야간]

(2) 누가 맞는지 <u>옳고</u> 그름을 가려 보자. [올꼬 / 올코]

(3) 창문을 닫으니 <u>답답하다</u>. [답따바다 / 답따파다]

정답 **①** (1) [구칸그르슬]　　(2) [꼬탄송이]　　(3) [나탄때]
② (1) [야칸]　　(2) [올코]　　(3) [답따파다]

(3) 겹받침의 발음 ⭐중요

① 겹받침 〈ㄳ〉, 〈ㄵ〉, 〈ㄼ, ㄽ, ㄾ〉, 〈ㅄ〉은 단어의 끝 또는 자음 앞에서 각각 [ㄱ, ㄴ, ㄹ, ㅂ]으로 발음한다.

> • 〈ㄳ〉 → [ㄱ] 예 넋[넉]
> • 〈ㄵ〉 → [ㄴ] 예 앉다[안따]
> • 〈ㄼ, ㄽ, ㄾ〉 → [ㄹ] 예 넓다[널따], 외곬[외골], 핥다[할따]
> • 〈ㅄ〉 → [ㅂ] 예 없다[업ː따]

다만, '밟-'은 자음 앞에서 [밥]으로 발음하고, '넓-'은 '넓죽하다, 넓둥글다'와 같은 경우에 [넙]으로 발음한다.

밟지[밥ː찌]	밟게[밥ː께]	밟고[밥ː꼬]
넓-죽하다[넙쭈카다]	넓-둥글다[넙뚱글다]	

② 겹받침 〈ㄺ, ㄻ, ㄿ〉은 단어의 끝 또는 자음 앞에서 각각 [ㄱ, ㅁ, ㅂ]으로 발음한다.

맑다[막따]	젊다[점ː따]	읊다[읍따]

다만, 〈ㄺ〉은 〈ㄱ〉 앞에서 [ㄹ]로 발음한다. 예 맑게[말께], 묽고[물꼬]

③ 겹받침이 모음으로 시작된 말과 결합되는 경우에는 뒤엣것만을 뒤 음절 첫소리로 옮겨 발음한다.

닭을[달글]	앉아[안자]	삶이[삭씨]

〈ㄳ, ㄽ, ㅄ〉은 각각 [ㄱ] + [ㅆ], [ㄹ] + [ㅆ], [ㅂ] + [ㅆ]으로 발음된다. 예 넋을[넉쓸], 외곬으로[외골쓰로], 없어[업ː써]

확인하고 실력 다지기

1 밑줄 친 낱말의 발음으로 맞는 것에 ○표를 해 봅시다.

(1) 철수가 자리에 <u>앉다</u>.　　　　　[안따 / 안따]

(2) 옷감이 <u>얇다</u>.　　　　　　　　[얍따 / 얄따]

(3) 개가 그릇을 <u>핥다</u>.　　　　　　[할따 / 한따]

(4) 물건이 <u>없다</u>.　　　　　　　　[엄따 / 업ː따]

(5) <u>외곬</u> 고집이다.　　　　　　　[외골 / 외곧]

2 밑줄 친 낱말의 발음에 주의하며 문장을 소리 내어 읽어 봅시다.

(1) 물건을 <u>얹고</u> 내릴 수 있는 <u>값싼</u> 지게를 찾아요.

(2) 철수가 남은 사람의 <u>몫까지</u> 싹 <u>훑고</u> 갔다.

(3) 힘도 들고 <u>삯도</u> 적지만, 그 일이 보람은 있을 거예요.

(4) 구름 한 점 <u>없고</u> 바람조차 불지 않는 날이었다.

정답
1 (1) [안따]　　(2) [얄따]　　(3) [할따]　(4) [업ː따]　(5) [외골]
2 (1) [언꼬], [갑싼]　(2) [목까지], [훌꼬]　(3) [삭또]　(4) [업ː꼬]

(4) [ㄴ] 소리를 더하여 발음하기

앞 단어나 접두사의 끝이 자음이고, 뒤 단어나 접미사의 첫음절이 〈이, 야, 여, 요, 유〉인 경우에는 〈ㄴ〉 음을 첨가하여 [니, 냐, 녀, 뇨, 뉴]로 발음한다.

솜이불[솜ː니불]	홑이불[혼니불]	맨입[맨닙]	꽃잎[꼰닙]
내복약[내ː봉냑]	콩엿[콩녇]	담요[담ː뇨]	눈요기[눈뇨기]

〈ㄹ〉 받침 뒤에 첨가되는 〈ㄴ〉 음은 [ㄹ]로 발음한다. 예 솔잎[솔립], 물약[물략], 불여우[불려우], 서울역[서울력]

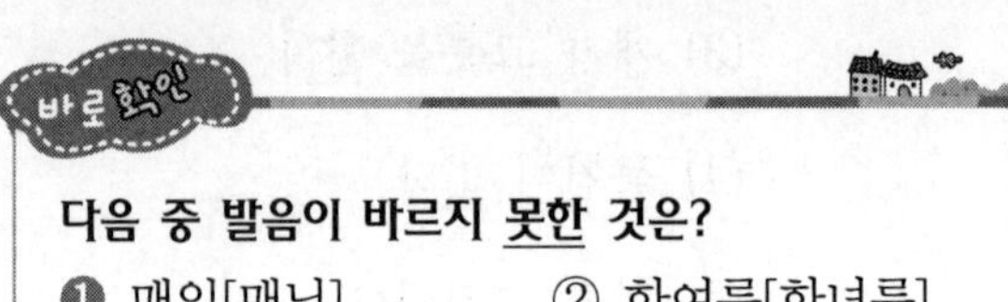

1 밑줄 친 낱말의 발음으로 맞는 것에 ○표를 해 봅시다.

(1) 맨입으로 도와줄 수는 없지. [매닙 / 맨닙]

(2) 백화점에 가서 눈요기만 실컷 하고 왔네. [눈뇨기 / 누뇨기]

(3) 식용유를 조금만 써서 음식을 해. [시공유 / 시공뉴]

2 밑줄 친 낱말의 발음에 주의하며 문장을 소리 내어 읽어 봅시다.

(1) 한여름에는 사람들이 시원한 계곡을 찾아간다.

(2) 아버지께서는 비가 많이 내리는데도 논일을 하셨다.

(3) 영수는 입 안에 쌈을 한입 가득 넣고 우물거리며 먹고 있었다.

정답 **1** (1) [맨닙]   (2) [눈뇨기]   (3) [시공뉴]
2 (1) [한녀름]   (2) [논닐]   (3) [한닙]

(5) [ㄴ], [ㅁ], [ㅇ]으로 발음하기 중요

① 받침 〈ㄱ(ㄲ, ㅋ, ㄳ, ㄺ), ㄷ(ㅅ, ㅆ, ㅈ, ㅊ, ㅌ, ㅎ), ㅂ(ㅍ, ㄼ, ㄿ, ㅄ)〉은 〈ㄴ, ㅁ〉 앞에서 [ㅇ, ㄴ, ㅁ]으로 발음한다.

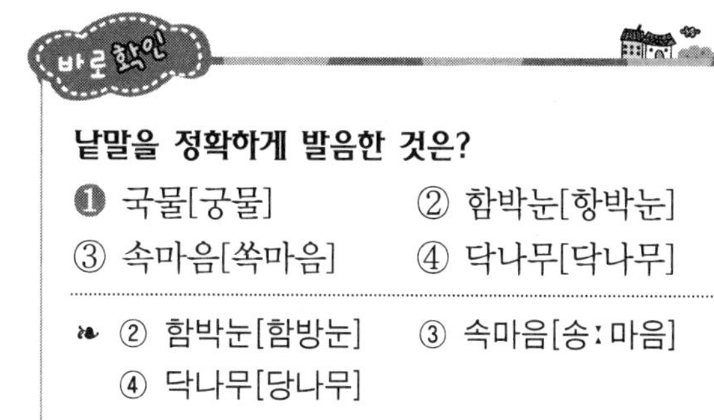

국물[궁물]	깎는[깡는]
키읔만[키응만]	닫는[단는]
짓는[진ː는]	꽃망울[꼰망울]
잡는[잠는]	앞마당[암마당]

② 받침 〈ㅁ, ㅇ〉 뒤에 연결되는 〈ㄹ〉은 [ㄴ]으로 발음한다.

음료[음뇨]	담력[담ː녁]	대통령[대ː통녕]

③ 〈ㄴ〉은 〈ㄹ〉의 앞이나 뒤에서 [ㄹ]로 발음된다.

난로[날ː로]	신라[실라]	대관령[대ː괄령]
칼날[칼랄]	줄넘기[줄럼끼]	

④ 받침 〈ㄷ〉과 〈ㅌ〉 다음에 모음 〈ㅣ〉가 올 경우에는 〈ㄷ〉은 [ㅈ]으로, 〈ㅌ〉은 [ㅊ]으로 각각 발음한다.

해돋이[해도지]	굳이[구지]	같이[가치]	붙이다[부치다]

🌱 〈ㄷ〉 뒤에 〈히〉가 결합되어 〈티〉를 이루는 것은 [치]로 발음한다. 예 갇히다[가치다], 닫히다[다치다], 굳히다[구치다]

확인하고 실력 다지기

1 밑줄 친 낱말의 발음으로 맞는 것에 ○표를 해 봅시다.

(1) 내 동생은 <u>흙만</u> 보면 장난을 쳐.　　　[흑만 / 홍만]

(2) 문 <u>닫는</u> 소리가 너무 크다.　　　[닫는 / 단는]

(3) <u>밥물</u>이 너무 많으면 밥이 질어.　　　[밥물 / 밤물]

(4) <u>옷맵시</u>가 좋다.　　　[온맵씨 / 옫맵씨]

(5) <u>앞마당</u>에 꽃이 피었다.　　　[암마당 / 압마당]

2 밑줄 친 낱말의 발음에 주의하며 문장을 소리 내어 읽어 봅시다.

(1) 다른 나라의 <u>침략</u>에 대비하여 나라의 힘을 길러야 한다.

(2) 삼촌이 사시는 <u>강릉</u>은 경포대로 유명하다.

(3) 춘향이가 <u>광한루</u>에서 그네 뛰는 모습을 상상하여 보았다.

(4) 우리 마을은 지난여름에 큰 <u>물난리</u>를 겪었다.

(5) <u>가을걷이</u>가 끝난 농촌 들녘은 한가로웠다.

(6) 우리가 <u>굳이</u> 남아 있을 필요가 있을까?

(7) 대장장이는 <u>쇠붙이</u>를 달구어 호미를 만들었다.

(8) 겨울 방학 때, 동생이랑 <u>같이</u> 갈게.

정답 **1** (1) [홍만]　(2) [단는]　(3) [밤물]　(4) [온맵씨]　(5) [암마당]
　　2 (1) [침냑]　(2) [강능]　(3) [광ː할루]　(4) [물랄리]　(5) [가을거지]
　　　　(6) [구지]　(7) [쇠부치]　(8) [가치]

(6) 된소리로 발음하기

① 받침 〈ㄱ(ㄲ, ㅋ, ㄳ, ㄺ), ㄷ(ㅅ, ㅆ, ㅈ, ㅊ, ㅌ), ㅂ(ㅍ, ㄼ, ㄿ, ㅄ)〉 뒤에서 〈ㄱ, ㄷ, ㅂ, ㅅ, ㅈ〉은 된소리인 [ㄲ, ㄸ, ㅃ, ㅆ, ㅉ]으로 각각 발음된다.

박사[박싸]	깎다[깍따]	있던[읻떤]	낯설다[낟썰다]
갑자기[갑짜기]	덮개[덥깨]	옆집[엽찝]	읊조리다[읍쪼리다]

② 받침 〈ㄴ(ㄵ), ㅁ(ㄻ)〉 뒤에 오는 〈ㄱ, ㄷ, ㅅ, ㅈ〉은 된소리인 [ㄲ, ㄸ, ㅆ, ㅉ]으로 각각 발음한다.

신고[신ː꼬]	껴안다[껴안따]	앉고[안꼬]	닮고[담ː꼬]
삼고[삼ː꼬]	더듬지[더듬찌]	얹다[언따]	젊지[점ː찌]

확인하고 실력 다지기

1 밑줄 친 낱말의 발음에 주의하며 문장을 소리 내어 읽어 봅시다.

(1) 동생은 한복을 <u>입고</u> <u>옷고름</u>을 만지작거리고 있다.

(2) 생신을 맞으신 어머니께 <u>꽃다발</u>을 한 아름 <u>안겨</u> 드렸다.

(3) 우리 집 강아지는 <u>낯선</u> 사람이 오면 짖는다.

(4) <u>옆집</u>으로 이사 온 아주머니께서는 떡을 나누어 주셨다.

(5) <u>갑자기</u> 숲에서 <u>늑대</u>가 나타나 <u>몹시</u> 놀랐다.

(6) 나는 <u>국밥</u>이 좋아.

2 밑줄 친 낱말의 발음으로 맞는 것에 ○표를 해 봅시다.

(1) 영수는 <u>약속</u> 시간을 잘 지킨다.　　　　[약속 / 약쏙]

(2) 해가 높이 <u>뜰수록</u> 기온이 올라간다.　　　[뜰쑤록 / 뜰수록]

(3) 역도 선수가 <u>역기</u>를 든다.　　　　　　　[역기 / 역끼]

(4) <u>을지문덕</u> 장군은 고구려의 명장이었다.　[을지문덕 / 을찌문덕]

(5) 동생은 <u>딱지</u>를 잘 접는다.　　　　　　　[딱지 / 딱찌]

(6) 반찬으로 <u>깍두기</u>가 나왔다.　　　　　　　[깍두기 / 깍뚜기]

정답 ① (1) [입꼬], [온꼬름]　　(2) [꼳따발]　　(3) [날썬]　　(4) [엽찜]
　　　　(5) [갑짜기], [늑때], [몹ː씨]　　(6) [국빱]
② (1) [약쏙]　　(2) [뜰쑤록]　　(3) [역끼]　　(4) [을찌문덕]　　(5) [딱찌]　　(6) [깍뚜기]

잘못 발음하는 경우

1. 〈ㄱ〉을 [ㅋ]으로 잘못 발음하는 경우

　• 갈치구이 [갈치구이] (O) / [칼치구이] (X)　　• 덩굴 [덩굴] (O) / [덩쿨] (X)

2. 〈ㅂ〉을 [ㅍ]으로 잘못 발음하는 경우

　• 개비 [개비] (O) / [개피] (X)　　• 덤불 [덤불] (O) / [덤풀] (X)

3. 〈ㅈ〉을 [ㅊ]으로 잘못 발음하는 경우

　• 착잡하다 [착짜파다] (O) / [착차파다] (X)　• 넓죽하다 [넙쭈카다] (O) / [넙추카다] (X)

4. 〈ㄱ〉을 〈ㄲ〉으로 잘못 발음하는 경우

- 가시 [가시] (O) / [까시] (X)
- 검은색 [거믄색] (O) / [꺼믄색] (X)

5. 〈ㄷ〉을 〈ㄸ〉으로 잘못 발음하는 경우

- 닦아라 [다까라] (O) / [따까라] (X)

6. 〈ㅈ〉을 〈ㅉ〉으로 잘못 발음하는 경우

- 좁다 [좁따] (O) / [쫍따] (X)
- 조그만 [조그만] (O) / [쪼그만] (X)

말소리의 길이

우리말에는 모음의 길이가 중요하다. 같은 모음이라도 길게 소리 나기도 하고 짧게 소리 나기도 하므로, 이를 지키지 않으면 말의 뜻이 바르게 전달되지 않는다. 낱말은 물론 문장을 읽을 때에는 길게 소리 나는 낱말은 길게 발음해야 한다.

- 아침마다 **산**에 간다. → 평지보다 높이 솟아 있는 땅의 부분
  산[산:]과 죽은 것을 갈라놓아라. → 살다 : 생명을 지니고 있다.
- 이제는 잠 **잘** 시간이다. → 자다 : 눈이 감기면서 한동안 의식 활동이 쉬는 상태가 되다.
  잘[잘:] 생각해 보아라. → 유감없이 충분하게
- **방문**을 열어 보니, 눈이 하얗게 내렸다. → 방으로 드나드는 문
  어제 아저씨께서 우리 집을 **방문**[방:문]하셨다. → 어떤 사람이나 장소를 찾아가서 만나거나 봄
- 점심때가 되니 매우 **시장**하였다. → 배가 고픔
  시장[시:장]에 가서 저녁 반찬을 샀다. → 여러 가지 상품을 사고파는 일정한 장소

❷ 예절을 지키며 말하기

(1) 예사말과 높임말

① 예사말과 높임말의 뜻

㉠ 예사말 : 예사말은 친구나 동생처럼 또래나 아랫사람에게 하는 말이다.

㉡ 높임말 : 높임말은 할아버지, 할머니, 어머니, 아버지, 선생님 등 주로 웃어른께 하는 말이다. 높임말에는 웃어른을 공경하는 마음을 담아야 한다.

② 예사말과 높임말의 예 : 예사말과 높임말은 상대에 따라 알맞게 사용하여야 한다.

예사말	높임말	예사말	높임말
오다	오시다	밥	진지
죽다	돌아가시다	집	댁
아프다	편찮으시다	딸	따님
자다	주무시다	아들	아드님
데리다	모시다	이름	성함
먹다	드시다, 잡수시다	말	말씀

③ 높임말을 사용하는 방법

㉠ 상대를 높이는 뜻이 있는 다른 낱말을 사용하는 방법

- 가 → 께서
- 묻다 → 여쭈다
- 에게 → 께
- 나이 → 연세
- 있다 → 계시다
- 병 → 병환
- 사람 → 분
- 생일 → 생신

㉡ '–시–'를 넣어서 상대를 높이는 방법

- 주다 → 주시다
- 이다 → 이시다
- 보다 → 보시다
- 하다 → 하시다
- 사다 → 사시다
- 가다 → 가시다
- 알다 → 아시다
- 울다 → 우시다
- 쓰다 → 쓰시다

ⓒ 문장을 '-습니다'로 끝내서 상대를
   높이는 방법

- 먹다 → 먹습니다
- 없다 → 없습니다
- 했다 → 했습니다
- 웃다 → 웃습니다

다음 중 높임말을 바르게 사용한 것은?

① 밥 잡수세요.
② 밥 먹으래요.
③ 진지 먹어요.
❹ 진지 잡수세요.

☙ '진지'는 '밥'의 높임말이고, '잡수시
   다'는 '먹다'의 높임말이다.

1 다음 문장을 읽고 알맞은 말에 ◯표를 해 봅시다.

(1) 내 (나이, 연세)는 열한 살입니다.
   할머니의 (나이, 연세)는 칠십 세입니다.

(2) 우리 집에는 (딸, 따님)이 셋이다.
   선생님께서는 (딸, 따님)이 셋이다.

(3) 내 동생은 편식을 하여 (병, 병환)에 걸렸다.
   아버지께서는 (병, 병환)으로 입원하셨다.

(4) 다음에 올 때에는 친구를 (데리고, 모시고) 오너라.
   다음번에는 부모님을 (데리고, 모시고) 오너라.

(5) 나는 친구(에게, 께) 아껴 둔 장난감을 보여 (주었다, 드렸다).
   나는 선생님(에게, 께) 어제 그린 그림을 보여 (주었다, 드렸다).

2 다음 〈보기〉에서 알맞은 예사말이나 높임말을 찾아 (   ) 안에 써 봅시다.

> **보기**
>
> 밥, 먹는다, 한다, 하신다, 진지, 잡수신다

(1) 아버지, (   ) 잡수세요.

(2) 지혜야, (   ) 먹어.

(3) 내 동생은 계란말이를 맛있게 (   ).

(4) 어머니께서는 생선구이를 맛있게 (   ).

(5) 어머니께서는 부엌에서 설거지를 (   ).

정답 ❶ (1) 나이 / 연세　　(2) 딸 / 따님　　　　(3) 병 / 병환

(4) 데리고 / 모시고　(5) 에게, 주었다 / 께, 드렸다

❷ (1) 진지　　(2) 밥　　　(3) 먹는다　　(4) 잡수신다　　(5) 하신다

(2) 인사말

① 인사말의 뜻 : 인사말은 만나거나 헤어질 때, 축하하거나 격려할 때, 고마움을 나타낼 때에 예의를 갖추어서 하는 말이다.

② 인사말의 특성

　㉠ 인사말은 비공식적인 상황에서의 인사말과 공식적인 상황에서의 인사말로 나눌 수 있다.

비공식적인 상황에서의 인사말	• 사적인 관계의 상대방과 편하게 주고받는 인사말 • 예사말을 사용한다. 예 전학을 가는 친구에게 작별인사를 할 때, 상을 받은 친구를 축하하여 줄 때
공식적인 상황에서의 인사말	• 환영사, 송별사, 감사의 말, 축사 등과 같이 공적인 관계의 청중을 상대로 하는 인사말 • 높임말을 사용한다. 예 졸업식에서 송사를 할 때, 회장 당선 인사말을 할 때, 교장 선생님께서 격려사를 하실 때, 담임 선생님께서 첫 인사말을 하실 때

   ⓛ 인사말은 듣는 이와의 관계에 따라 인사말의 내용과 형식이 달라질 수 있다.

   ⓒ 적절한 인사말은 다른 사람과의 관계를 형성하고 유지하거나 발전시키는 데 도움을 준다.

③ 인사말을 할 때의 태도 : 다른 사람을 존중하는 마음을 지니고 공손한 태도로 말한다.

(3) 듣는 이의 처지를 생각하며 말하기

① 듣는 이의 처지를 생각하며 말할 때에 주의할 점

   ㉠ 듣는 이가 처한 상황을 살펴야 한다.

   ㉡ 듣는 이의 마음이 상하지 않게 예의 바른 태도로 말한다.

② 듣는 이의 처지를 생각하며 부탁, 거절, 위로의 말 하기

부탁하는 말 하기	• 듣는 이가 자신의 부탁을 들어줄 수 있는지 살핀다. • 예의 바른 태도로 말한다. • 부탁하는 까닭을 자세히 말한다. • 부탁을 들어주었을 때 고마움을 표현한다. 예 연필을 빌리고 싶을 때 : "지혜야, 연필 좀 빌려 줄래?"
거절하는 말 하기	• 거절할 때의 미안함이나 안타까운 마음을 표현한다. • 자신이 처한 처지를 자세히 말한다. • 거절하는 까닭을 말한다. • 상대방의 감정이 상하지 않도록 한다. 예 숙제를 도와달라는 부탁을 거절할 때 : "철수야, 숙제 좀 도와줄래?" / "미안하지만 친구들과 축구하기로 약속해서 도와주지 못할 것 같아."
위로하는 말 하기	• 상대방의 처지를 이해하고 어떤 마음일지 헤아린다. • 상대방에게 용기와 도움을 줄 수 있는 말을 한다. • 마음을 담아 위로한다. 예 달리기하다 넘어진 친구를 위로하는 말 : "괜찮아? 다친 곳은 없니?"

③ 상대방을 배려하여 말하는 방법 : 말을 할 때에 듣는 이의 처지를 고려하면서 배려하여 말하면 기분이 좋고 인간관계를 잘 유지할 수 있다.

상대방의 처지 생각하기	상대방의 처지를 생각하며 상대가 한 말을 차분히 요약하여 다시 말하고 상대방의 기분에 공감해 준다.

상대방의 반응 예상하기	상대방의 반응을 생각하면서 서로 친밀한 사이임을 말로 확인한다.

그다음에 일어날 일 예상하기	다음에 일어날 일을 예상하고 나서 상대방을 격려하는 말을 해 준다.

④ 배려하는 말을 할 때의 자세

몸 짓	배려하지 않을 때	배려할 때
표 정	인상을 쓴다.	미소를 짓는다.
시 선	노려보거나 다른 곳을 본다.	따뜻한 시선으로 본다.
팔, 손	팔짱을 끼거나 삿대질을 한다.	손을 자연스럽게 둔다.
고 개	고개를 설레설레 흔든다.	고개를 끄덕인다.
거 리	듣는 이와 거리를 둔다.	듣는 이와 가까이에 있다.
말 투	소리를 지르거나 화난 목소리로 말한다.	부드럽고 다정한 말투로 말한다.

상황을 고려하여 말할 때 주의할 점

1. 장소에 어울리는 말을 한다. 예 도서관에서는 작은 목소리로 말한다.
2. 이야깃거리에 어울리게 말한다.
3. 말의 앞뒤 내용이 맞게 말한다.
4. 예사말과 높임말을 구별하여 말한다.
5. 듣는 이가 무엇을 하고 있는지 생각하며 말한다.

(4) 칭찬이나 사과의 말

① 칭찬할 때와 사과할 때의 바른 방법

칭찬할 때의 바른 방법	사과할 때의 바른 방법
• 진실한 마음으로 칭찬한다. • 칭찬할 내용을 자세히 이야기한다. • 결과와 과정을 함께 칭찬한다. • 칭찬의 말을 들었을 때에는 감사한 마음을 표현한다.	• 진실한 마음으로 사과한다. • 잘못한 것을 알게 되면 용기를 내어 최대한 빠르게 사과한다. • 사과의 말을 들었을 때에는 감사의 마음을 표현한다.

🌱 마음을 담아 칭찬하거나 사과하는 말을 하면 사이가 더욱 가까워진다.

② 칭찬하거나 사과하고 싶었던 일

칭찬	• 학급 친구가 장기 자랑을 잘하였을 때 • 친구가 무거운 물건을 함께 들어 주었을 때 • 감기로 아팠는데 친구가 청소 당번을 대신해 주었을 때
사과	• 길을 가다가 다른 친구와 부딪혔을 때 • 갑자기 급한 일이 생겨 친구와 약속을 지키지 못하였을 때 • 친구와 놀다가 어머니의 심부름을 잊고 하지 않았을 때

다음 상황에 어울리는 사과의 말은?

> 책상에 있는 친구의 연필을 실수로 떨어뜨렸을 때

① "어머, 웬일이니?"
② "이 연필 누구 거니?"
❸ "미안해. 조심하지 않아 연필을 떨어뜨렸어."
④ "네가 연필을 잘못 두어서 다니는 데 불편하잖아."

(5) 온라인 대화

① 온라인 대화의 뜻 : 온라인 대화는 인터넷과 같은 통신 매체를 이용하여 문자로 대화하는 것이다. 예 누리집이나 누리사랑방(블로그)에 글쓰기, 쪽지창(메신저)으로 대화하기, 전자 우편으로 편지 쓰기 등

② 온라인 대화의 특성

㉠ 온라인 대화는 시간과 공간의 제약을 받지 않는다.

㉡ 온라인 대화는 대화 상대방이 분명하지 않을 수 있다.

③ 온라인 대화를 할 때에 지켜야 할 점

㉠ 예의를 갖추어 공손하고 진지한 말투를 사용한다.

㉡ 친구나 모르는 사람에 대하여 비방하는 글을 올리지 않는다.

㉢ 남의 글을 함부로 사용하지 않는다.

㉣ 사실이 아닌 내용을 올리지 않는다.

㉤ 상대방을 존중하고 올바른 언어를 사용한다.

　어법에 맞지 않는 말이나 준말, 속어, 은어 등을 쓰지 않는다.

인터넷을 바르게 이용하는 방법은?

① 욕설이나 장난스러운 말을 한다.

② 이해하기 어려운 자기들만의 말을 쓴다.

③ 다른 사람과 말할 때에는 아무 때나 참여한다.

④ 근거 있는 사실만을 주고받는다.

④ 잘못된 인터넷 언어 바르게 쓰기

인터넷 언어	바른 말	인터넷 언어	바른 말
방가방가	반가워	초딩, 중딩	초등학생, 중학생
강퇴	강제로 탈퇴	안뇽	안녕
담에	다음에	열씨미	열심히

③ 표준어와 방언

(1) 표준어와 방언의 뜻

① 표준어

　㉠ 한 나라의 표준이 되는 말

　㉡ 교양 있는 사람들이 두루 쓰는 현대 서울말

　㉢ 공식적인 말하기 상황에서 사용한다.　<예> 뉴스, 연설, 방송, 신문, 학교 등

　㉣ 말하는 사람이나 지역에 관계없이 의사소통이 잘 된다.

② 방 언

　㉠ 표준어가 아닌 말

　㉡ 지역에 따라 다르게 사용되는 말

　㉢ 비공식적인 말하기 상황에서 사용한다.　<예> 친구나 가족과 이야기를 나눌 때

　㉣ 같은 지역 사람끼리 대화할 때 사용한다.

　㉤ 같은 지역 사람끼리 친밀감이 형성된다.

　㉥ 지역에서 쓰는 말의 특징을 보여 줄 수 있다.

바로 확인

표준어를 사용하면 어떤 점이 좋은가?
❶ 전국 어디서나 뜻이 잘 통한다.
② 여러 지역의 언어를 배울 수 있다.
③ 고향 사람을 금방 알아볼 수 있다.
④ 지역의 특징을 살려 말할 수 있다.

(2) 표준어와 방언의 예

지 역	함경도	평안남도	강원도	경상남도	경상북도	전라남도	전라북도	제주도
방 언	할아바이	할우반	할버이	할버지	할부이	할압시	하랍씨	하르방

(3) 방언을 조사하여 발표하기까지의 과정

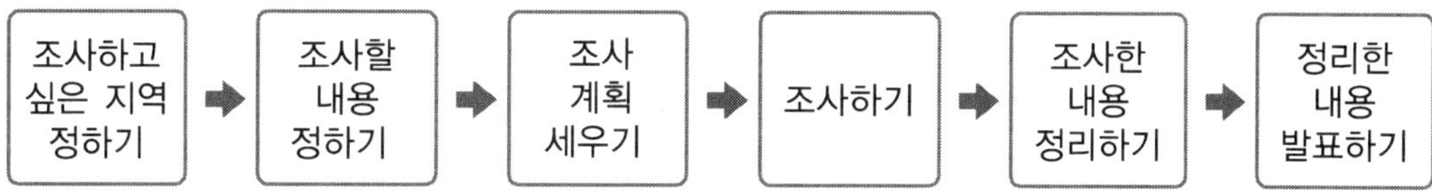

※ 주어진 상황을 보고, 표준어와 방언 중에서 어떤 말을 사용하면 좋을지 ○표를 해 봅시다.

(1) 지역 뉴스에서 아나운서가 우리 고장의 소식을 전합니다.   [표준어, 방언]

(2) 특정 지역을 배경으로 한 연극을 공연합니다.   [표준어, 방언]

(3) 오랜만에 고향 친구를 만나서 인사를 합니다.   [표준어, 방언]

(4) '국어 사랑'을 주제로 전국 웅변대회에서 내 주장을 발표합니다. [표준어, 방언]

정답 (1) 표준어   (2) 방언   (3) 방언   (4) 표준어

❹ 의견과 주장

(1) 의견을 주고받을 때의 올바른 태도 중요

① 말하는 사람을 바라보며 듣는다.

② 알맞은 이유를 들어가며 말한다.

③ 이야깃거리에 어울리는 말을 한다.

④ 의견을 말할 때에는 정중하게 말한다.

⑤ 다른 사람의 의견을 무시하지 않는다.

⑥ 자기 의견이 옳다고 끝까지 고집하지 않는다.

⑦ 의견에 대한 근거가 타당한지 생각하며 듣는다.

⑧ 다른 사람의 의견이 옳다고 생각되면 받아들인다.

⑨ 말하는 사람의 의견이 무엇인지 생각하면서 듣는다.

의견을 주고받을 때 바른 태도가 <u>아닌</u> 것은?
① 친구의 말을 끝까지 듣는다.
② 이야깃거리에 어울리는 말을 한다.
③ 알맞은 이유를 들어가며 의견을 말한다.
❹ 내 의견과 친구의 의견을 비교하지 않는다.

⑩ 다른 사람의 의견을 잘 듣고 자신의 의견과 비교해 본다.

⑪ 말하는 도중에 끼어들지 않고 다른 사람의 의견을 끝까지 귀 기울여 듣는다.

말을 주고받을 때에 지켜야 할 예절

1. 상대방의 이야기에 집중한다.
2. 상대방의 처지를 생각하며 말한다.
3. 상대방에게 알맞은 말을 사용한다.
4. 상대방의 말에 알맞게 반응하며 듣는다.

(2) 토의하기

① 토의의 뜻 

토의는 어떤 문제에 대하여 여러 사람의 의견을 듣고, 가장 적절한 해결 방법을 찾는 말하기이다.

② 토의할 때 지켜야 할 규칙 

　㉠ 손을 들고 말할 차례를 기다린다.

　㉡ 토의 주제와 관련된 의견을 말한다.

　㉢ 다른 사람의 의견을 끝까지 귀 기울여 듣는다.

　㉣ 내 생각과 비교하며 듣는다.

　㉤ 다른 사람의 의견을 존중하면서 말한다.

　㉥ 무조건 내 의견만 옳다고 고집하지 않는다.

③ 토의 절차에 따라 토의하는 방법

| 주제 소개하기 | 사회자가 토의 주제를 소개하고 토의 규칙을 안내한다. |

↓

| 의견 나누기 | 토의자는 토의 주제에 대한 의견과 그렇게 생각한 까닭을 말하고, 사회자는 의견을 정리한다. |

↓

| 의견 모으기 | 의견을 듣고 장단점을 찾아보고 가장 적절한 의견으로 모은다. |

↓

| 의견 결정하기 | 사회자가 토의한 내용을 정리하여 결정된 의견을 발표한다. |

④ 토의의 장점

　　㉠ 토의를 하면 해결하여야 할 문제를 깊이 이해할 수 있다.

　　㉡ 적절한 해결 방법을 찾을 수 있다.

⑤ 토의가 필요한 상황

일상생활	학습상황
• 친구들과 어떤 놀이를 할지 결정할 때 • 교실에서 짝꿍이나 청소 당번을 정할 때 • 친구가 아픈데 언제, 어떤 선물을 가지고 병문안을 갈지 결정할 때	• 사회 시간에 문화재 조사 학습 계획을 세울 때 • 과학 시간에 실험 결과를 정리할 때 • 역사 신문을 어떻게 만들 것인지 결정할 때

(3) 토론하기

① 토론의 뜻 : 토론은 어떤 문제에 대하여 찬성하거나 반대하는 의견을 내어 상대편을 설득하는 말 하기이다.

② 토론의 특성

　　㉠ 토론자는 토론의 주제에 대하여 서로 의견이 다르다.

　　㉡ 토론자는 근거를 들어 자신의 주장을 말한다. 토론자가 근거로 든 자료는 정확해야 한다.

　　㉢ 토론에는 지켜야 할 규칙이 있고, 일정한 순서에 따라 말을 한다.

③ 토론에 참여하는 사람과 역할

   ㉠ 사회자 : 토론을 진행하고 공정하게 이끌어 간다.

   ㉡ 찬성편 토론자 : 토론 주제에 찬성하는 주장을 근거를 들어 말한다.

   ㉢ 반대편 토론자 : 토론 주제에 반대하는 주장을 근거를 들어 말한다.

   ㉣ 판정인 : 찬성편과 반대편 토론자의 토론을 듣고 판정한다.

④ 토론의 규칙

사회자가 지켜야 할 규칙	• 찬성편과 반대편에 말할 기회를 공평하게 준다. • 공정하게 토론을 이끌어 간다. • 토론이 이야깃거리를 벗어나지 않도록 유도한다.
토론자가 지켜야 할 규칙	• 손을 들어 말할 기회를 얻는다. • 다른 사람의 말을 가로채지 않고 끝까지 듣는다. • 상대편의 주장을 끝까지 듣는다. • 타당하고 믿을 만한 근거를 바탕으로 하여 주장한다.

⑤ 토론할 때에 지켜야 할 태도 

   ㉠ 내 생각이 바뀌는 것을 두려워하지 않는다.

   ㉡ 상대편의 말에 적절한 반응을 해 준다.

   ㉢ 다른 사람이 말할 때에 끼어들지 않는다.

   ㉣ 발언 순서와 발언 시간을 지키며 말한다.

   ㉤ 상대편이 말을 할 때에 필요한 부분은 적으면서 듣는다.

   ㉥ 상대편의 주장을 끝까지 듣는다.

⑥ **토론의 절차와 방법**

주장 펼치기	토론 주제에 대한 자신의 주장을 근거를 들어 말한다.
반론하기	상대편의 주장과 근거에 대하여 문제점을 지적하거나 이에 답변한다.
주장 다지기	주장 펼치기와 반론하기에 나온 내용을 다시 정리하여 자신의 주장이 옳음을 분명히 한다.
판정하기	토론의 각 단계에서 잘된 점을 중심으로 평가하고 판정한다.

⑦ **토론의 주제**

㉠ 모두가 관심 있는 이야깃거리여야 한다.

㉡ 찬성과 반대의 주장이 대립될 수 있어야 한다.

㉢ '~은(는) ~는가', '~은(는) ~이어야 한다.'와 같은 문장 형식으로 명확하게 제시하여야 한다.  텔레비전 프로그램에 나오는 말을 흉내 내도 되는가?

⑧ **주장에 알맞은 근거를 마련하는 방법** 

㉠ 주장에 알맞아야 한다.

> 주장 : 어떤 문제에 대하여 내세운 글쓴이의 생각

㉡ 근거가 믿을 만한지, 사실인지, 정확한지 생각하여야 한다.

> 근거 : 주장을 뒷받침하는 까닭

⑨ **상대편의 주장을 반박하는 방법**

상대편의 주장이나 근거에서 잘못된 것이나 근거 자료 없이 말하는 경우를 찾아 반론을 제시한다.

다음 주장에 대한 근거가 될 수 있는 것은?

> 주장 : 자동차는 우리에게 이롭다.

① 매연이 심하다.
② 기름값이 비싸다.
❸ 목적지에 빨리 도착할 수 있다.
④ 자동차를 계속 타면 운동이 부족할 수 있다.

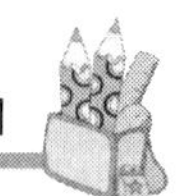

확인하고 실력 다지기

1 '자동차는 우리에게 이로운가'라는 토론 주제에 대한 내 주장을 인터넷 게시판에 올리기 위해 자동차의 이로운 점과 해로운 점을 다음과 같이 정리하였습니다. 정리한 내용을 바탕으로 하여 내 주장과 근거를 적어 봅시다.

자동차의 이로운 점	자동차의 해로운 점
• 급할 때에 빨리 갈 수 있습니다.	• 자동차의 매연은 공기를 오염시킵니다.
• 편안하고 즐겁게 여행할 수 있습니다.	• 길이 막히면 답답하고 짜증납니다.
• 시간을 절약할 수 있습니다.	• 교통사고의 위험이 있습니다.

(1) 주장 :

(2) 근거 :

2 '인터넷 실명제를 실시하여야 한다.'에 대한 내 주장을 정하고 그 까닭을 써 봅시다.

(1) 주장 :

(2) 까닭 :

정답 1

주 장	자동차는 우리에게 이롭습니다.	자동차는 우리에게 해롭습니다.
근 거	• 급할 때에 빨리 갈 수 있습니다. • 편안하고 즐겁게 여행할 수 있습니다. • 시간을 절약할 수 있습니다.	• 자동차의 매연은 공기를 오염시킵니다. • 길이 막히면 답답하고 짜증납니다. • 교통사고의 위험이 있습니다.

2

구 분	찬 성	반 대
주 장	인터넷 실명제에 찬성합니다.	인터넷 실명제에 반대합니다.
까 닭	쓰는 사람의 이름을 밝히면 인터넷 언어폭력을 방지할 수 있기 때문입니다.	인터넷 실명제를 실시하면 자유로운 의사 표현에 제한을 받을 수 있기 때문입니다.

(4) 학급 회의

학급에서 함께 해결하여야 하는 문제를 더 나은 방향으로 해결하기 위하여 학급 회의를 한다.

① 학급 회의의 절차

    ㉠ 회의하기 전 : 의제 제안 → 의제 선정 → 회의 공고

    ㉡ 회의할 때 : 개회 → 국민의례 → 제안 설명 → 의제 토의 → 표결 → 결정 내용 발표 → 폐회

    ㉢ 회의하고 나서 : 평가와 반성

회의할 때에 사용하는 말

1. **의제** : 회의에서 의논할 주제, 안건
2. **공고** : 공식적인 절차에 따라 친구들에게 알리는 일
3. **표결** : 친구들에게 찬성 또는 반대의 의견을 물어 그 수에 따라 결정하는 방법
4. **재청** : 다른 친구의 의견에 찬성한다고 표시하는 말

② 학급 회의를 하면 좋은 경우

    ㉠ 학급에 필요한 규칙 정하기   **예** 친구와 사이좋게 지내기

    ㉡ 학급의 중요한 내용 정하기   **예** 동요 부르기 대회 준비하기

(5) 선거 유세

① 선거의 뜻 : 선거는 모임이나 단체에서 우두머리나 일을 맡아 할 사람을 뽑는 것을 말한다.

② 유세의 뜻 : 유세는 선거에서 자기를 뽑아 달라면서 공약이나 의견을 여기저기 알리는 것을 말한다.

③ 선거 유세가 필요한 경우

    ㉠ 학생의 경우 : 전교 어린이 회장 선거에서 후보자가 학생들에게 자신을 뽑아 달라고 할 때

ⓒ 어른의 경우 : 대통령 선거에서 후보자가 국민에게 자신을 뽑아 달라고 할 때

④ 선거 유세의 특징

㉠ 선거 유세에는 청중의 관심을 끌 수 있는 내용이 포함되어 있다.

㉡ 후보자는 다양한 설득 전략을 사용하여 청중에게 지지를 호소한다.

㉢ 선거 유세에는 자기가 뽑히면 어떤 일을 하겠다는 공약이 있다.

㉣ 청중은 후보자의 선거 유세를 듣고 주장과 근거의 적절성을 따져서 판단을 내리를 심판관이다.

⑤ 선거 유세에서 주장과 근거의 적절성을 판단하는 방법

㉠ 실천 가능한 주장인지 판단한다.

㉡ 가치 있고 중요한 주장인지 판단한다.

㉢ 주장과 근거를 말하는 사람이 믿을 만한지 판단한다.

㉣ 주장에 따른 근거가 이치에 맞고 옳은지 판단한다.

5 생각이나 느낌 말하기

(1) 기억에 남는 장면 말하기

① 이야기의 순서에 맞게 각 장면의 중요한 내용을 간추려 말한다.

② 기억에 남는 인물을 생각하고 그 까닭을 말한다.

③ 기억에 남는 장면에 대한 내 생각이나 느낌을 꾸며 주는 말을 사용하여 실감 나게 말한다.

(2) 이어질 내용 상상하여 말하기

① 앞 이야기의 내용을 잘 이해하여야 한다.

② 이어질 일의 차례가 이야기의 흐름에 맞아야 한다.

③ 이야기의 원인과 결과가 타당하도록 근거를 들어 말한다.

(3) 드라마를 보고 이어질 내용 예측하기

① 드라마의 특성

㉠ 시간과 분량에 제약이 있다.

㉡ 단막극, 연속극 등 다양한 유형이 있다.

㉢ 연출가, 작가, 배우 등 여러 사람이 함께 만든다.

㉣ 카메라, 조명, 음향, 편집 등 다양한 도구나 방법이 사용된다.

㉤ 인물의 대사, 연기, 음악 등을 통하여 사건의 전개와 분위기를 알 수 있다.

② 드라마에서 이어질 내용을 예측하는 방법

㉠ 자세히 보여 주거나 중요하게 다루어지는 물건을 찾는다.

㉡ 주요 사건이 어떻게 변하여 가는지 파악한다.

㉢ 사건의 전개 과정을 파악하는 데 도움을 줄 수 있는 대화 내용을 찾는다.

6 묘사하여 말하기 ^{중요}

(1) 묘사의 뜻

묘사란 어떤 대상의 구체적인 모습(예 사물의 모양, 색깔, 크기, 길이, 장소, 내용 등)을 눈에 보이듯이 생생하게 말하거나 글로 나타내는 방법을 말한다.

(2) 묘사하는 방법

① 전체에서 부분으로 묘사하기 예 내 짝의 얼굴은 달걀형이고, 귀는 크고 머리는 곱슬머리이다.

② 순서를 정하여 묘사하기 예 눈썹은 짙고 눈은 작다. 코는 작고 오뚝하다. 입은 크다.

③ 인상적인 부분을 강조하여 묘사하기 예 얼굴은 검은 편이고, 쑥스러울 땐 머리를 긁적인다. 그리고 웃을 때 덧니가 보인다.

밑줄 친 부분은 어떤 표현 방법으로 쓰였는가?

> 개미귀신은 정말 신기한 곤충이다. 우선 생긴 모습부터가 그렇다. 크기는 내 엄지손톱만하고 몸집은 뚱뚱한데, 머리는 몸에 달린 혹처럼 작다. 게다가 온몸이 털로 덮여 있는 털북숭이다.

① 주장　❷ 묘사　③ 상상　④ 추측

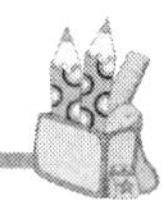

(3) 묘사의 종류

구 분	특 징
주관적 묘사	• 관찰자의 주관적인 느낌이나 심리적 반응이 잘 나타난다. • 비유법을 쓰기도 한다. 예 저 장미는 매우 아름답다.
객관적 묘사	• 관찰자의 주관적인 느낌이나 심리적 반응을 반영하지 않는다. • 대상을 객관적인 상태로 있는 그대로 묘사한다. 예 이 장미는 붉다.

비교하여 말하기

1. 특징을 잘 생각하여 말한다.
2. 같은 점과 다른 점을 밝혀 말한다.
3. 일정한 기준을 가지고 비교한다.
4. 자신의 경험, 독서 등을 통해서 얻은 지식을 활용한다.
5. 비교한 것을 표로 나타내면 보기에 훨씬 효과적이다.

🎁 비교와 대조
  • 비교 : 둘 이상의 사물 간의 비슷한 점을 찾아 설명하는 것
  • 대조 : 둘 이상의 사물 간의 차이점을 가려 설명하는 것

7 발표하기

(1) 발표 준비 순서

(2) 발표를 준비할 때에 주의할 점

① 대상에 대하여 미리 철저히 조사한다.

② 발표 내용을 알기 쉽게 쓴다.

③ 발표 내용은 객관성과 정확성을 가지고 체계적으로 쓴다.

④ 발표 내용의 이해를 돕기 위하여 알맞은 자료를 활용한다.

> 사진, 그림, 도표 등의 자료를 사용할 때는 출처를 반드시 밝힌다.

(3) 발표할 때에 주의할 점

① 말하는 이와 듣는 이의 관계를 생각한다.

② 발표하는 주제에 따른 발표 내용이 알맞은지 생각한다.

③ 발표 장소와 발표 방법을 생각한다.

④ 말하기의 목적, 주제, 장소 등에 따라 알맞은 자료를 활용한다.

⑤ 발표할 때에는 듣는 이의 나이, 관심사, 나와의 관계, 발표 상황 등에 따라 내용, 목소리의 크기와 속도, 목소리의 느낌 등을 달리해야 한다.

(4) 친구들이 이해하기 쉽게 발표하는 방법

① 중요한 내용이 잘 드러나게 발표한다.

② 친구들이 이해하기 쉬운 말로 발표한다.

③ 관련된 그림이나 사진 자료를 이용하여 발표한다.

(5) 대상의 특성을 살려 발표하기

발표할 때에는 발표할 사물이나 인물의 특성을 잘 살리고 사용할 매체를 생각하여 발표를 준비하여야 한다.

① 대상을 설명하는 방법

　㉠ 사물을 설명하는 방법 : 사물의 모양이나 쓰임새, 또는 그 대상을 이해할 수 있는 내용을 고르고 상대방이 관심을 가질 만한 것을 찾아 알기 쉽게 설명한다.

　㉡ 인물을 설명하는 방법 : 그 사람의 특징적인 모습이나 성격, 일대기, 일화, 업적 등을 생각한다. 친구들이 들어 보았음 직한 인물에 대하여 설명할 때에는

그 사람의 일대기나 업적, 그 사람과 관련된 재미있거나 중요한 일화를 이야기하고, 친구들이 모르는 인물에 대하여 설명할 때에는 그 사람의 특징적인 모습이나 성격을 중심으로 이야기한다.

② 매체를 사용하여 발표하는 방법

 ㉠ 발표할 때에 사용할 수 있는 매체 : 사진, 그림, 도표, 동영상 등

 ㉡ 매체를 사용하여 발표하면 좋은 점 : 발표할 내용을 생생하게 전달할 수 있고, 듣는 이가 더 쉽게 이해할 수 있다.

8 면 담 중요

(1) 면담의 뜻

면담은 특정 인물이나 주제에 대한 정보를 수집하기 위하여 면담자와 면담 대상자가 주고받는 대화 방식이다.

> 면담의 목적 : 알고 싶은 내용을 더 자세하고 정확하게 알기 위해서

(2) 면담의 특성

① 대화를 주고받으면서 정보를 얻는다.

② 궁금한 것을 직접 묻고 답을 얻을 수 있다.

③ 미리 조사를 충분히 해야 한다.

④ 미리 질문을 준비하고 약속을 해야 한다.

(3) 면담의 절차

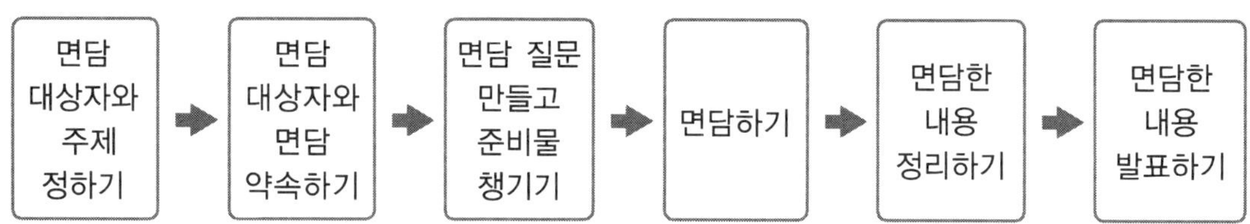

(4) 면담이 필요한 경우

① 다른 사람의 생각이나 의견이 궁금할 때

② 어떤 일을 한 사람의 경험을 듣고 싶을 때

③ 어떤 내용에 대한 구체적이고 자세한 정보가 필요할 때

(5) 면담을 준비할 때에 고려할 점

① 면담의 목적, 대상자, 주제를 정한다.

② 면담 주제에 대한 사전 정보를 수집한다.

③ 면담 대상자에게 연락하고 면담 약속을 한다.

④ 질문을 준비하고 면담에 필요한 준비물(예 녹음기, 비디오카메라, 필기도구 등)을 점검한다.

(6) 면담할 때에 주의할 점

① 녹음, 녹화 상태를 확인한다.

② 면담 주제에 알맞은 질문을 한다.

③ 말하는 중간에 끼어들지 않는다.

④ 면담 대상자를 바라보고 자세를 단정히 한다.

(7) 면담 정리 단계에서 할 일

① 면담한 내용을 기록한 자료를 모아 정리한다.

② 면담 주제와 관련 없는 내용은 뺀다.

③ 중심 의견이나 생각을 찾아 정리한다.

01 다음 중 겹받침을 바르게 발음한 것은?

① 읊어[을퍼]

② 읽어[일어]

③ 젊은[점은]

④ 값은[갑은]

② [일거], ③ [절믄], ④ [갑슨]

02 '복도에서 질서를 지키자'는 주장의 이유로 알맞은 것은?

① 줄을 서야 한다.

② 뛰지 말아야 한다.

③ 서로 손을 잡고 걷는다.

④ 뛰어다니다 다칠 염려가 있다.

복도에서 뛰어다니면 다칠 수 있기 때문에 질서를 지켜야 한다.

03 토의할 때의 올바른 태도는?

① 자기의 의견만 고집한다.

② 다른 사람의 의견을 무조건 반대한다.

③ 주제와 관련 없는 의견을 말한다.

④ 알맞은 이유를 들어가며 주장을 말한다.

① 다른 사람의 의견을 존중하면서 말한다.

② 다른 사람의 의견을 반대할 경우 반대 이유를 정확히 말한다.

③ 토의 주제와 관련된 의견을 말한다.

04 다음 중 면담 과정의 순서로 옳은 것은?

① 면담 준비하기 → 면담하기 → 면담 내용 정리하기 → 면담 내용을 말이나 글로 표현하기

② 면담하기 → 면담 준비하기 → 면담 내용을 말이나 글로 표현하기 → 면담 내용 정리하기

③ 면담 준비하기 → 면담 내용 정리하기 → 면담하기 → 면담 내용을 말이나 글로 표현하기

④ 면담 준비하기 → 면담하기 → 면담 내용을 말이나 글로 표현하기 → 면담 내용 정리하기

면담 과정의 순서 : 면담 대상자와 주제 정하기 → 면담 대상자와 면담 약속하기 → 면담 질문 만들고 준비물 챙기기 → 면담하기 → 면담한 내용 정리하기 → 면담한 내용 발표하기

05 의견이 다른 사람과 말을 주고받을 때 바르지 <u>못한</u> 사람은?

① 지혜 – 내 의견만 고집한다.

② 수진 – 다른 사람의 의견을 존중한다.

③ 홍기 – 알맞은 이유를 들어가며 말한다.

④ 지호 – 다른 사람의 말을 가로채지 않는다.

기출

의견을 주고받을 때 바른 태도가 <u>아닌</u> 것은?

① 근거를 제시하며 의견을 말한다.

❷ 친구의 말을 끝까지 듣지 않는다.

③ 서로의 의견을 비교하며 듣는다.

④ 대화의 주제에 어울리는 말을 한다.

🐾 다른 사람의 의견을 끝까지 귀 기울여 듣는다.

① 자기 의견이 옳다고 끝까지 고집하지 않는다.

06 다음 중 '그림을 그리듯이' 자세히 쓴 글은 어느 것인가?

① 양보나 순종을 결코 요구하지 않았다.

② 우리 국민은 누구나 통일을 원하고 있다.

③ 바나나의 모양은 길고 색깔은 노랗다.

④ 수민이는 정말 열심히 살아가고 있다.

③ 바나나의 모양, 색깔 등을 자세히 표현하고 있다.

07 다음 중 방언과 표준어가 <u>잘못</u> 짝지어진 것은?

① 오마니 – 어머니 　　② 어찌녁 – 엊저녁

③ 하르방 – 할머니 　　④ 얼라 – 어린아이

③ 하르방 – 할아버지

08 비교하여 말할 때의 주의할 점으로 바르지 <u>않은</u> 것은?

① 특징을 잘 생각하여 말한다.

② 비교하는 기준에 따라 말한다.

③ 다른 점만을 특징으로 해서 말한다.

④ 자신의 경험, 독서 등을 통해 얻은 지식을 충분히 활용하여 말한다.

③ 같은 점과 다른 점을 밝혀 말한다.

09 다음 중 인사말이 필요하지 <u>않은</u> 경우는?

① 전학 와서 인사를 할 때   ② 회장 당선 인사를 할 때

③ 학예회에서 사회를 볼 때   ④ 교내 미술대회에 참가할 때

인사말은 만나거나 헤어질 때, 축하하거나 격려할 때, 고마움을 나타낼 때에 예의를 갖추어서 하는 말이다. ①은 비공식적인 상황에서의 인사말이고, ②와 ③은 공식적인 상황에서의 인사말이다.

10 다음 중 예사말과 높임말의 연결이 바르지 않은 것은?

① 이름 – 말씀

② 나이 – 연세

③ 생일 – 생신

④ 밥 – 진지

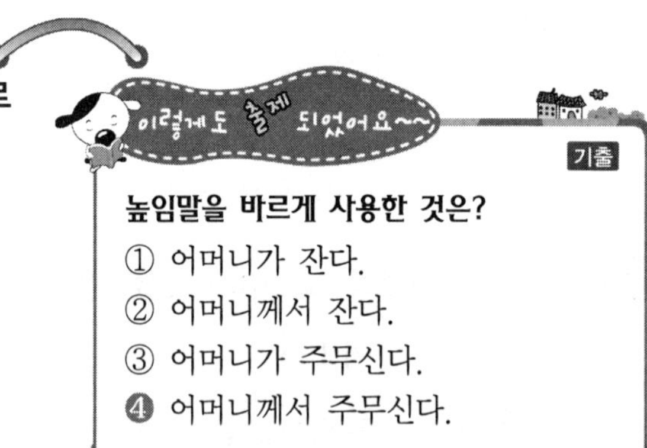

이름의 높임말은 '성함'이다. '말씀'은 말의 높임말이다.

실력 쑥쑥 단원 마무리 문제

정답 및 해설 | 61쪽

◀ 2절 말하기 ▶

01 상대방과 이야기를 하는 방법이 바르지 <u>않은</u> 것은?

① 상대방이 말하는 도중에 끼어들지 않는다.

② 상대방의 말을 잘 듣는다.

③ 상대방의 말을 듣고 자기의 의견을 말한다.

④ 상대방의 말을 듣지 않고 짐작하여 말한다.

◀ 1절 듣기 ▶

02 내용을 간추리며 이야기를 들으면 좋은 점으로 알맞은 것은?

① 내용을 기억하기 쉽다.

② 듣는 속도가 빨라진다.

③ 내용을 길게 늘려 쓸 수 있다.

④ 이야기를 그대로 말할 수 있다.

◀ 2절 말하기 ▶

03 다음 중 된소리가 <u>아닌</u> 것은?

① ㄲ 　　　　② ㅉ

③ ㅊ 　　　　④ ㅆ

04 겹받침이 하나만 소리 나는 것은?

① 넋이 ② 흙도

③ 핥아 ④ 앉아서

05 설명하는 말을 들을 때 듣는 목적을 생각하며 들어야 하는 까닭은 무엇인가?

① 설명하는 사람이 시켰기 때문에

② 중요한 내용을 기록하지 않기 위해서

③ 내용을 확실하게 외울 수 있기 때문에

④ 듣는 목적에 따라 중요한 내용이 달라지기 때문에

06 다음 주장에 대한 근거로 알맞은 것은?

> 주장 : 휴지를 함부로 버리지 말자.

① 주위가 지저분해진다. ② 성적이 떨어진다.

③ 환호성을 지른다. ④ 나무가 잘 자란다.

07 다음 중 가장 큰 소리로 말해야 할 때는 언제인가?

① 반장 선거에서 소견을 발표할 때 ② 친구에게 부탁하는 말을 할 때

③ 부모님과 대화할 때 ④ 식당에서 음식을 주문할 때

◀ 2절 말하기 ▶

08 다음 중 높임말이 <u>잘못</u> 사용된 것은?

① 아버지가 책을 읽니?

② 선생님께서 숙제를 내 주셨습니다.

③ 어머니께서는 집안일을 하고 계셔.

④ 선생님, 저는 우리 반이 좋아요.

◀ 1절 듣기 ▶

09 소개하는 말을 듣고 적극적으로 반응하는 방법이 <u>아닌</u> 것은?

① 궁금한 점을 물어본다.

② 친구의 말에 맞장구를 친다.

③ 관심이 없으면 말을 하지 않아도 된다.

④ 함께 흥미를 가질 만한 이야깃거리로 말한다.

◀ 2절 말하기 ▶

10 여러 사람이 의논할 이야깃거리로 알맞은 것은?

① 교실 청소　　　　　　② 좋아하는 음식

③ 우리 가족　　　　　　④ 나의 취미

◀ 2절 말하기 ▶

11 다음 중 토론할 때의 바른 태도는?

① 옆 사람과 장난을 한다.　　　② 상대방의 의견을 존중한다.

③ 남의 의견에 무조건 따라간다.　　　④ 자기주장을 끝까지 내세운다.

12 어떤 이야기의 앞부분을 듣고, 그 다음에 이어질 내용을 상상하여 말할 때에 주의하여야 할 점이 <u>아닌</u> 것은?

① 앞부분의 내용을 정확히 알아야 한다.

② 반드시 끝에 가서는 행복해져야 한다.

③ 일의 원인과 결과를 따져 보아야 한다.

④ 일의 앞뒤 관계를 조리 있게 따져 봐야 한다.

13 어떤 사물의 모습이나 상황을 그림을 그리듯이 자세하게 표현하는 방법을 무엇이라고 하는가?

① 설명 　　　　　　　② 묘사

③ 증명 　　　　　　　④ 서사

14 다른 사람의 이야기를 듣는 태도로 올바른 것은?

① 다른 생각을 하며 듣는다. 　　　② 옆 사람과 의논해 가며 듣는다.

③ 말하는 사람을 바라보며 듣는다. 　④ 메모는 하지 않고 가만히 앉아서 듣는다.

15 비교하여 말하기의 소재로 알맞지 <u>않은</u> 것은?

① 농촌과 어촌 　　　　　② 신문과 방송

③ 연극과 영화 　　　　　④ 책과 과일

◀ 2절 말하기 ▶

16 발표할 때에 주의해야 할 점으로 알맞지 <u>않은</u> 것은?

① 발표 장소와 방법을 생각한다.

② 말하는 이와 듣는 이의 관계를 생각한다.

③ 발표 내용이 주제에 알맞은지 생각한다.

④ 말하는 이가 관심 있는 것이 무엇인지 생각한다.

◀ 2절 말하기 ▶

17 친구들 앞에서 일요일에 있었던 일을 말하려고 한다. 말할 때의 태도로 바르지 <u>않은</u> 것은?

① 알맞은 크기의 목소리로 말한다.　　② 이야기하듯이 자연스럽게 말한다.

③ 이야기의 내용을 생각하며 말한다.　　④ 시선이 고정되도록 한 곳을 보며 말한다.

◀ 2절 말하기 ▶

18 다음 중 학급 회의 절차로 알맞은 것은?

① 국민의례 → 개회 → 의제 토의 → 제안 설명 → 표결 → 결정 내용 발표

② 개회 → 국민의례 → 의제 토의 → 제안 설명 → 결정 내용 발표 → 표결

③ 개회 → 국민의례 → 제안 설명 → 의제 토의 → 표결 → 결정 내용 발표

④ 국민의례 → 개회 → 제안 설명 → 표결 → 의제 토의 → 결정 내용 발표

◀ 2절 말하기 ▶

19 다음 중 사과할 때의 태도로 올바른 것은?

① 진실한 마음을 담아 사과한다.　　② 될 수 있으면 나중에 사과한다.

③ 일단 그 상황을 피한다.　　④ 사과는 딱 한 번만 한다.

20 ◀ 2절 말하기 ▶
낱말의 ‘ㄱ’ 받침소리가 다르게 나는 것은?

① 까막눈　　　　② 나막신　　　　③ 먹물　　　　④ 속마음

21 ◀ 2절 말하기 ▶
인사말의 특성으로 알맞지 않은 것은?

① 인사말은 만나거나 헤어질 때만 하는 것이다.

② 인사말은 듣는 이와의 관계에 따라 달라질 수 있다.

③ 다른 사람을 존중하는 마음을 지니고 공손한 태도로 말한다.

④ 적절한 인사말은 다른 사람과의 관계를 형성한다.

22 ◀ 1절 듣기 ▶
말하는 이의 표정이나 몸짓에 주의하며 경험담을 들으면 좋은 점으로 알맞지 않은 것은?

① 이야기가 재미있고 실감나게 느껴진다.

② 말하는 이의 몸짓을 놀려 댈 수 있다.

③ 이야기를 이해하는 데 도움이 된다.

④ 이야기가 실감 나서 오래 기억할 수 있다.

23 ◀ 2절 말하기 ▶
위로하는 말을 할 때에 주의할 점으로 알맞은 것은?

① 상대방의 실수를 지적하며 말한다.

② 상대방의 처지를 비웃으며 말한다.

③ 상대방의 감정이 상하게 말한다.

④ 상대방에게 용기와 도움을 줄 수 있는 말을 한다.

24 온라인 대화를 할 때에 지켜야 할 점으로 바르지 <u>않은</u> 것은?

① 남의 글을 함부로 사용하지 않는다.

② 올바른 맞춤법을 사용한다.

③ 같은 말을 복사하여 여러 번 붙여 넣는다.

④ 남을 비방하는 글을 올리지 않는다.

25 이야기를 듣고 주제를 파악하는 방법으로 알맞은 것은?

① 이야기의 시간적 배경을 알아본다.

② 이야기의 원인과 결과만 알아본다.

③ 이야기 속 등장인물의 수를 알아본다.

④ 이야기의 줄거리, 주요 인물의 말과 행동을 알아본다.

26 겹받침이 들어 있는 낱말을 정확하게 발음한 것은?

① 굶다[굼다] ② 읊다[읍따]

③ 닭도[닥도] ④ 삶다[삼다]

27 드라마의 이어질 내용을 예측하기 위한 단서로 알맞지 <u>않은</u> 것은?

① 사건 ② 중요한 물건

③ 작가 ④ 대화 내용

28 다음은 설명하는 말을 듣고 중요한 내용을 정리한 것이다. 어떤 내용을 중심으로 정리한 것인가?

> 함평 나비 대축제는 해마다 4월에서 6월 사이에 열립니다. 이 축제는 전라남도 함평군 함평읍의 시가지나 공원에서 열립니다.

① 언제 어디에서 열리나요?

② 축제를 하는 까닭은 무엇인가요?

③ 어떤 행사가 열리나요?

④ 축제를 처음 시작한 때는 언제인가요?

29 한 나라의 표준이 되는 말로 교양 있는 사람들이 두루 쓰는 현대 서울말을 무엇이라고 하는가?

① 사투리　　　　　　　　　② 방언

③ 통신 언어　　　　　　　　④ 표준어

30 다음 중 상대방을 배려하는 말로 알맞은 것은?

① 흥, 잘하는 짓이다.

② 넌 잘 해낼 수 있을 거야.

③ 이것은 모두 너 때문이야.

④ 이 녀석, 어디 한 대 맞아 볼래?

정답

01. ④	02. ①	03. ③	04. ②	05. ④	06. ①
07. ①	08. ①	09. ③	10. ①	11. ②	12. ②
13. ②	14. ③	15. ④	16. ④	17. ④	18. ③
19. ①	20. ②	21. ①	22. ②	23. ④	24. ③
25. ④	26. ②	27. ③	28. ①	29. ④	30. ②

01 상대방의 말을 끝까지 경청하고 사실을 바탕으로 하여 말한다.

02 내용을 간추리며 이야기를 들으면 내용을 기억하기 쉬워 사람에게 중요한 내용을 빠짐없이 전달할 수 있다.

03 된소리 : ㄲ, ㄸ, ㅃ, ㅆ, ㅉ

04 ① [ㄴㅓㄱㅅㅣ]　　② [ㅎㅡㄱㄸㅗ]
③ [ㅎㅏㄹㅌㅏ]　　④ [ㅇㅏㄴㅈㅏㅅㅓ]

06 휴지를 함부로 버리면 주위 환경이 지저분하게 된다.

07 자신의 생각, 의견이나 주장을 말할 때에는 자신감을 가지고 요점을 조리 있게 큰소리로 말해야 한다.

08 아버지께서 책을 읽으시니?

09 ③ 함께 흥미나 관심을 가질 수 있는 내용으로 이야기를 이어 간다.

10 토의의 주제는 여러 사람이 공감하고 있는 문제여야 하고 모두에게 도움이 될 만한 것으로 다양한 의견이 나올 수 있어야 한다.

11 ① 조용히 다른 사람의 의견을 듣는다.
③ 남의 의견이 바른지 평가하고 결론을 내린다.
④ 자신과 남의 의견을 공정하게 살핀 후 자기의 의견이 옳다고 판단되면 주장을 내세운다.

13 묘사 : 어떤 대상의 구체적인 모습을 눈에 보이듯이 생생하게 말하거나 글로 나타내는 방법

15 비교는 둘 이상의 사물 간의 비슷한 점을 찾아 설명하는 것이다.

16 발표할 때에는 듣는 이의 관심을 고려하여야 한다.

17 경험담을 들려줄 때에는 경험한 이야기의 내용을 떠올리고 경험담의 내용에 알맞은 목소리, 표정, 말투 등을 갖추어야 한다.

19 용기를 내어 진실한 마음을 담아 최대한 빨리 사과한다.

20 ② 나막신[나막씬]　　① 까막눈[까망눈]
③ 먹물[멍물]　　④ 속마음[송 : 마음]

21 인사말은 만나거나 헤어질 때, 축하하거나 격려할 때, 고마움을 나타낼 때에 예의를 갖추어서 하는 말이다.

22 ② 말하는 이의 마음과 의도를 알 수 있다.

23 위로하는 말을 할 때에는 상대방의 처지를 이해하고 어떤 마음일지 헤아리고, 상대방에게 용기와 도움을 줄 수 있는 말을 한다.

24 온라인 대화를 할 때에는 남의 글을 함부로 쓰거나 같은 말을 복사하여 여러 번 붙여 넣기를 하면 안 된다.

25 이야기의 줄거리, 주요 인물의 말과 행동에 대한 내 생각과 느낌을 바탕으로 주제를 파악한다.

26 ① 굵다[굼따] ③ 닭도[닥또] ④ 삶다[삼따]

27 드라마의 이어질 내용을 예측하기 위한 단서 : 사건, 중요 물건, 대화 내용

28 함평 나비 대축제가 열리는 때와 곳에 대한 내용을 중심으로 정리하였다.

29 ①, ② 어느 한 지역에서만 쓰는 말, 표준어가 아닌 말

30 ① 빈정거리는 말, ③ 탓하는 말, ④ 위협하는 말

시험에 꼭 나오는 핵심 정리

01 해돋이[해도지], 가을걷이[가을거지], 같이[가치], 쇠붙이[쇠부치]　　23쪽

→ 받침 〈ㄷ〉과 〈ㅌ〉 다음에 모음 〈ㅣ〉가 올 경우에는 〈ㄷ〉은 [ㅈ]으로, 〈ㅌ〉은 [ㅊ]으로 발음한다.

02 의견을 주고받을 때 바른 태도　　36쪽

- 친구의 말을 끝까지 듣는다.
- 대화의 주제에 어울리는 말을 한다.
- 알맞은 이유를 들어가며 의견을 말한다.
- 다른 사람의 의견을 무시하지 않는다.
- 다른 사람의 말을 가로 채지 않는다.
- 서로 의견을 비교하며 듣는다.

03 토 의　　37쪽

어떤 문제에 대하여 여러 사람의 의견을 듣고 가장 적절한 해결 방안을 찾는 말하기 방법

04 주장과 근거　　40쪽

- 주장 : 어떤 문제에 대하여 내세운 글쓴이의 생각
- 근거 : 주장을 뒷받침하는 까닭

> - 주장 : 초등학생들은 장기 자랑에서 연예인을 흉내 내지 말아야 한다.
> - 근거 : 학교에서 배웠던 것들이 소홀히 될 수 있다. 연예인에 대한 관심이 적은 학생은 장기 자랑에서 소외될 수 있다.

쓰 기

시도했던 모든 것이 물거품이 되었더라도
그것은 또 하나의 전진이기 때문에 나는 용기를 잃지 않는다.

– 토마스 에디슨

1 낱 말

(1) 낱말의 뜻

낱말은 문장에 있어서 구체적 의미를 지닌 가장 작은 단위의 말로, 단어라고도 한다.

예 땅, 꽃, 바람, 하늘

(2) 낱말의 짜임 _{중요}

① 합성어 : 홀로 쓰이는 두 낱말이 만나서 이루어진 낱말 예 손발(손 + 발), 손등(손 + 등), 돌다리(돌 + 다리)

② 파생어 : 홀로 쓰이지 않는 낱말과 홀로 쓰이는 낱말이 결합하여 이루어진 낱말 예 군소리(군 + 소리), 맨발(**맨** + 발), 풋과일(**풋** + 과일), 왼팔(**왼** + 팔), 드높다(**드** + 높다), 빗나가다(**빗** + 나가다), 샛노랗다(**샛** + 노랗다), 휘젓다(**휘** + 젓다), 빛깔(빛 + **깔**), 마음씨(마음 + **씨**), 울보(울다 + **보**)

🎁 밑줄 친 부분이 홀로 쓰이지 않는 낱말

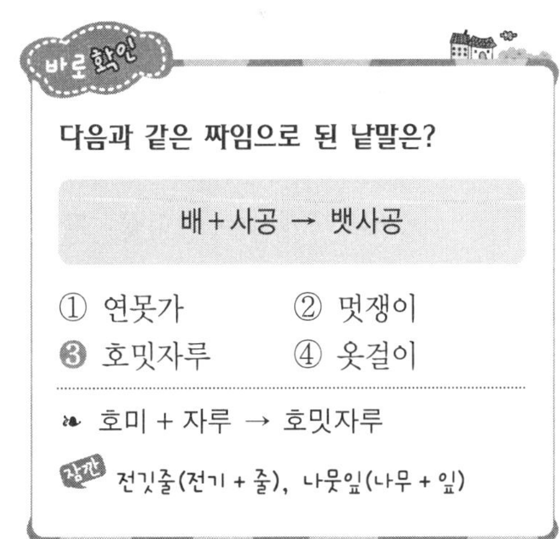

(3) 낱말 사이의 관계 중요

국어사전에서 낱말의 뜻을 찾아보면, 뜻이 서로 비슷한 낱말, 뜻이 서로 반대되는 낱말, 다른 낱말의 뜻을 포함하거나 다른 낱말의 뜻에 포함되는 낱말이 있음을 알 수 있다.

① 뜻이 서로 비슷한 낱말

- 맞은편 산골짜기에서 **산울림**이 들려왔습니다.
- 맞은편 산골짜기에서 **메아리**가 들려왔습니다.

  '산울림'과 '메아리'는 서로 바꾸어 써도 문장의 뜻이 거의 달라지지 않는다.

• 책방 / 서점	• 여자 / 여성 / 여인	• 대답 / 응답
• 수고 / 노고	• 아름답다 / 곱다 / 예쁘다 / 어여쁘다	

② 뜻이 서로 반대되는 낱말

• 동 ↔ 서	• 길다 ↔ 짧다	• 오른쪽 ↔ 왼쪽
• 크다 ↔ 작다	• 더위 ↔ 추위	• 좋다 ↔ 나쁘다
• 부지런하다 ↔ 게으르다	• 위 ↔ 아래	

③ 다른 낱말의 뜻을 포함하거나 다른 낱말의 뜻에 포함되는 낱말

- 어머니께서는 **꽃**을 좋아하신다.
- 어머니께서는 **장미꽃, 개나리꽃, 진달래꽃**을 좋아하신다.

  '꽃'이라는 낱말은 '장미꽃', '개나리꽃', '진달래꽃'이라는 낱말을 모두 포함한다. '장미꽃', '개나리꽃', '진달래꽃'이라는 낱말은 '꽃'이라는 낱말에 포함된다.

• 계절 : 봄, 여름, 가을, 겨울	• 운동 : 축구, 태권도, 수영, 야구
• 사람 : 아기, 어린이, 어른, 노인	• 학용품 : 공책, 연필, 지우개, 물감

확인하고 실력 다지기

※ 앞뒤 문맥을 살펴 밑줄 친 낱말과 바꾸어 쓸 수 있는 말을 〈보기〉에서 골라 봅시다. 고른 낱말을 사용하여 문장을 바꾸어 써 봅시다.

> **보기**
>
> 안목, 들다, 비싸지다, 타다, 다짐하다

(1) 기차에 <u>오른</u> 것은 한밤중이 되어서였다.

➡ 기차에 ______ 것은 한밤중이 되어서였다.

(2) 엄마도 나이를 많이 <u>먹었구나</u>.

➡ 엄마도 나이가 많이 ________.

(3) 올해는 가뭄이 들어 채솟값이 많이 <u>올랐다</u>.

➡ 올해는 가뭄이 들어 채솟값이 많이 _______.

(4) 과일 보는 <u>눈</u>이 있으십니다.

➡ 과일 보는 _______이 있으십니다.

(5) 좋아하는 과일을 사 달라고 해야겠다고 <u>마음을 먹었다</u>.

➡ 좋아하는 과일을 사 달라고 해야겠다고 __________.

정답 (1) 탄   (2) 들었구나   (3) 비싸졌다   (4) 안목   (5) 다짐하였다

(4) 낱말의 여러 가지 의미

한 낱말이 문맥에 따라 여러 가지 의미로 쓰일 수 있다. 글에 쓰인 낱말의 의미를 바르게 파악하면 글을 이해하는 데 많은 도움이 된다.

손	• 신체 부위　예 수돗가에서 **손**을 씻다. • 일손, 도움　예 **손**이 모자라다.(→ 일할 사람이 모자라다.) • 어떤 일을 하는 데 드는 사람의 힘이나 노력, 기술　예 그 일은 **손**이 많이 간다. 할머니 **손**에 자라다.(→ 할머니께서 돌보아주시다.) • 어떤 사람의 영향력에서 권한이 미치는 범위　예 남의 **손**에 넘어갔다.(→ 남의 소유가 되었다.)
눈	• 신체 부위　예 **눈**을 감고 생각하다. • 시력　예 **눈**이 나쁘다.(→ 시력이 안 좋다.) • 사물을 보고 판단하는 힘　예 과일 보는 **눈**이 있으십니다. • 무엇을 보는 표정이나 태도　예 부러운 **눈**으로 바라보다.(→ 부러운 마음을 가지고 바라보다.)
발	• 신체의 발　예 어제 축구를 하다가 **발**을 다쳤다. • 걸음　예 경수는 **발**이 빨라 우리 반 달리기 선수로 뽑혔다. • 활동 범위　예 그 친구는 **발**이 넓어서 아는 사람이 많다.
얼굴	• 명예 또는 체면　예 나 때문에 이번 경기에서 졌다고 생각하니 **얼굴**을 들 수가 없었다. • 대표적인 본보기　예 숭례문은 대한민국의 **얼굴**이라고 할 만큼 중요한 문화재이다. • 사람, 특히 어떤 분야에서 활동하는 사람　예 가요계에 새 **얼굴**이 등장하였다.
길	• 일을 하는 도중　예 고향으로 가는 **길**에 잠시 들렀다. • 사람이 살아가는 방향이나 목적　예 그 아이는 지금 의사의 **길**을 걷고 있다. • 방법이나 수단　예 그 아이와 만날 **길**은 없습니까?
고치다	• 고장 난 물건을 손질하여 제대로 쓸 수 있게 하다.　예 아버지께서 고장 난 시계를 **고쳐** 주셨다. • 병을 낫게 하다.　예 병을 잘 **고친다**. • 잘못된 습관을 바로잡다.　예 나쁜 버릇을 **고쳤다**.
먹다	• 음식을 입을 통하여 배 속에 들여보내다.　예 복숭아를 직접 따 **먹었다**. • 일정한 나이에 이르거나 나이를 더하다.　예 엄마도 나이를 많이 **먹었구나**. • 어떤 마음이나 감정을 품다.　예 좋아하는 과일을 사 달라고 해야겠다고 마음을 **먹었다**.(→ 마음을 먹다 : 어떤 마음이나 감정을 품다.) • 겁, 충격 따위를 느끼게 된다.　예 겁을 **먹다**. • 구기 경기에서 점수를 잃다.　예 상대편에게 먼저 한 골을 **먹었다**.

신체와 관련된 낱말의 뜻

머리	• 머리를 깎았다 : 머리카락을 자르다. • 머리가 좋다 : 생각하고 판단하는 능력이 좋다. • 머리를 굴리다 : 머리를 써서 해결 방안을 생각해 내다. • 머리를 맞대다 : 어떤 일을 의논하거나 결정하기 위하여 서로 마주 대하다.	가슴	• 가슴으로 느끼다 : 마음으로 느끼다. • 가슴에 새기다 : 잊지 않게 단단히 마음에 기억하다. • 가슴을 펴다 : 굽힐 것 없이 당당하다. • 가슴이 뜨끔하다 : 자극을 받아 마음이 깜짝 놀라거나 양심의 가책을 받다.
입	• 입이 늘다 : 음식을 먹는 사람의 수가 늘다. • 입이 거칠다 : 말을 함부로 하다. • 입을 모으다 : 여러 사람이 같은 의견을 말하다. • 입을 막다 : 시끄러운 소리나 자리에서 불리한 말을 하지 못하게 하다.	발	• 발이 빠르다 : 행동이 매우 빠르다. 빨리 달린다. • 발을 멈추다 : 걸음을 멈추다. • 발을 구르다 : 매우 안타까워하거나 다급해하다. • 발이 넓다 : 사귀어 아는 사람이 많아 활동하는 범위가 넓다.
목	• 목이 좋다 : 자리나 위치가 좋다. • 목을 가다듬다 : 목소리를 가다듬다.	다리	• 다리를 뻗고(펴고) 자다 : 마음 놓고 편히 자다. • 다리를 들리다 : 미리 손 쓸 기회를 빼앗기다.

확인하고 실력 다지기

※ 다음 문장에서 밑줄 친 낱말의 의미를 알맞게 설명한 것끼리 선으로 이어 봅시다.

(1) 너와 나는 가는 <u>길</u>이 다르다. •

(2) 가족끼리는 고통을 함께 <u>나눈다</u>. •

(3) 그 일은 <u>손</u>이 많이 간다. •

(4) <u>매운</u> 시집살이에 눈물을 흘렸다. •

• ㉠ 즐거움이나 고통 등을 함께하다.

• ㉡ 일이 힘들고 고되다.

• ㉢ 개인이 살아가는 과정

• ㉣ 어떤 일을 하는 데 드는 사람의 힘이나 노력

정답 (1) - ㉢   (2) - ㉠   (3) - ㉣   (4) - ㉡

(5) 의성어와 의태어 ^{중요}

① 의성어 : 소리를 흉내 낸 말

　예 딸랑딸랑, 킁킁, 야옹야옹, 멍멍

② 의태어 : 모양을 흉내 낸 말

　예 아장아장, 엉금엉금, 한들한들, 대롱대롱,
뒤적뒤적, 뭉게뭉게, 흘깃흘깃

바로 확인

다음 중 소리를 흉내 내는 말은?
① 반짝반짝　　② 살금살금
③ 느릿느릿　　❹ 똑딱똑딱

☜ ①, ②, ③ 모양을 흉내 낸 말

확인하고 실력 다지기

※ 다음 문장의 밑줄 친 부분을 의성어와 의태어로 구별하여 괄호 안에 써 봅시다.

(1) 새싹들이 <u>파릇파릇</u> 돋아납니다.　　　　（　　　　　）

(2) <u>보슬보슬</u> 오는 봄비　　　　（　　　　　）

(3) 시냇물이 <u>졸졸졸</u> 흐른다.　　　　（　　　　　）

(4) 아기가 <u>방글방글</u> 웃는다.　　　　（　　　　　）

(5) 비누 거품이 <u>부글부글</u> 일어납니다.　　　　（　　　　　）

(6) 나뭇가지가 바람에 <u>흔들흔들</u> 움직입니다.　　　　（　　　　　）

(7) 우리 식구는 <u>오순도순</u> 잘 지내고 있다.　　　　（　　　　　）

(8) 거센 파도가 돌에 부딪혀서 <u>철썩철썩</u> 거립니다.　（　　　　　）

정답　(1) 의태어　　(2) 의태어　　(3) 의성어　　(4) 의태어
　　　(5) 의성어　　(6) 의태어　　(7) 의태어　　(8) 의성어

(6) 고유어, 한자어, 외래어, 외국어

① 고유어 중요

  ㉠ 고유어는 우리말에 본디부터 있던 말이나 그것에 기초하여 새로 만들어진 말을 일컫는다.

  ㉡ 고유어를 순우리말, 토박이말이라고도 한다.

  ㉢ 예 : 어버이, 하늘, 땅, 아름답다

② 한자어

  ㉠ 한자어는 한자를 바탕으로 만들어진 말이다.

  ㉡ 한자어가 생기면서 사라진 고유어 : '고뿔' 대신에 '감기', '샛바람' 대신에 '동풍', '즈믄 해' 대신에 '천 년'이라고 쓰는 경우

  ㉢ 고유어와 한자어가 함께 쓰이는 말 : '달걀'과 '계란', '오누이'와 '남매', '토박이말'과 '고유어' 등

  ㉣ 예 : 감기, 동풍, 천 년, 계란, 남매

③ 외래어 중요

  ㉠ 외래어는 다른 나라의 말이 들어와서 우리말처럼 쓰이는 말이다.

  ㉡ 차용어 또는 들온말이라고 한다.

  ㉢ 예 : 냄비, 라디오, 버스, 빵, 텔레비전

④ 외국어

  ㉠ 외국어는 다른 나라의 말이다.

  ㉡ 외국어는 어디까지나 다른 나라의 말을 뜻한다.

  🌱 한자어나 외래어는 처음에는 다른 나라의 말이었으나 지금은 우리말이 된 말이다.

바로확인

다음 중 고유어는?

❶ 땅　　　　② 굿모닝
③ 테이블　　④ 컴퓨터

───

✿ ② 외국어, ③ · ④ 외래어

바로확인

01 외래어로 묶인 것은 어느 것인가?

① 역사 – 바다
② 구름 – 돌다리
❸ 컴퓨터 – 인터넷
④ 항아리 – 무지개

02 외국어를 바로잡은 것으로 옳지 <u>않은</u> 것은?

① 스시 – 초밥
❷ 커피 – 녹차
③ 키보드 – 자판
④ 오뎅 – 어묵

ⓒ 예 : 오뎅, 스시, 키보드, 홈페이지, 에어컨

　이 말은 '어묵', '초밥', '자판', '누리집', '냉방기' 등으로 바로잡아 써야 한다.

※ 다음 〈보기〉의 낱말을 고유어, 한자어, 외래어, 외국어로 나누어 봅시다.

보기

시계, 빨래, 나이스, 결혼, 스키, 영화, 커피, 흥미, 땡큐, 그림자, 오솔길, 컴퓨터,
흉허물, 해피, 오디오, 살금살금, 애니메이션, 오케이, 홈페이지, 컵, 테이블, 해변,
게임, 해머, 피자, 곰, 고쁠, 하늘, 오뎅, 볼펜, 형제, 학생, 택시, 버스

(1) 고유어 :

(2) 외래어 :

(3) 한자어 :

(4) 외국어 :

정답 (1) 빨래, 그림자, 오솔길, 흉허물, 살금살금, 하늘, 고쁠, 곰
　　 (2) 스키, 커피, 컴퓨터, 오디오, 애니메이션, 컵, 게임, 테이블, 피자, 볼펜, 택시, 버스
　　 (3) 시계, 결혼, 영화, 흥미, 형제, 학생, 해변
　　 (4) 나이스, 땡큐, 해피, 오케이, 홈페이지, 해머, 오뎅

② 문 장

(1) 문장의 뜻

문장은 낱말이 모여서 생각이나 사실을 나타내는 글의 단위이다.　[예] 비가 온다.

(2) 문장의 성분 중요

① 문장 성분 : '무엇이', '무엇을', '어찌한다'에 해당하는 주어, 목적어, 서술어는 중요한 문장 성분이다.

> • <u>동생은</u> <u>초등학생이다.</u>
> 　무엇이　　　무엇이다
>
> • <u>날씨가</u> <u>따뜻하다.</u>
> 　무엇이　어떠하다
>
> • <u>말이</u> <u>달린다.</u>
> 　무엇이 어찌한다
>
> • <u>민수가</u> <u>밥을</u> <u>먹는다.</u>
> 　무엇이　무엇을 어찌한다

　㉠ 주어 : '동생은', '날씨가', '말이'처럼 '무엇이'에 해당하는 성분을 '주어'라고 한다.

　㉡ 서술어 : '초등학생이다', '따뜻하다', '달린다'처럼 '무엇이다', '어떠하다', '어찌한다'에 해당하는 성분을 '서술어'라고 한다.

　㉢ 목적어 : '밥을'처럼 '무엇을'에 해당하는 성분을 '목적어'라고 한다.

② 문장 형식

　㉠ 주어 + 서술어

　　• 무엇이 무엇이다 [예] 개미는 곤충이다.

　　• 무엇이 어떠하다 [예] 단풍이 아름답다.

　　• 무엇이 어찌한다 [예] 종달새가 노래한다.

　㉡ 주어 + 목적어 + 서술어 : 무엇이 무엇을 어찌한다 [예] 지혜는 지용이를 좋아한다.

바로 확인

01 다음 중 '무엇이 어떠하다'와 같은 형식의 문장은?

① 철수가 달린다.

❷ 방이 따뜻하다.

③ 민수가 밥을 먹는다.

④ 동생은 초등학생이다.

02 다음 밑줄 친 부분은 문장의 구성에서 무엇에 해당하는가?

> <u>영철이는</u> 희숙이를 좋아한다.

❶ 주어　　　② 목적어

③ 서술어　　④ 보어

↳ <u>영철이는</u> <u>희숙이를</u> <u>좋아한다.</u>
　주어　　　목적어　　　서술어

1 다음 〈보기〉의 낱말을 이용하여 주어와 서술어로 된 문장을 만들어 봅시다.

> **보기**
>
> 개미는, 노래한다, 종달새가, 곤충이다, 덥다, 날씨가

(1) 무엇이 무엇이다 :   (2) 무엇이 어떠하다 :

(3) 무엇이 어찌한다 :

2 주어, 목적어, 서술어로 된 문장을 만들어 봅시다.

(1) 지혜는 좋아합니다 바나나를 ➡

(2) 농부가 끌고 갑니다 황소를 ➡

3 주어, 서술어, 목적어가 어색한 문장을 고쳐 써 봅시다.

(1) 가슴을 뭉클하였습니다. ➡ (   ) 뭉클하였습니다.

(2) 할머니께서는 눈물이 흘리셨습니다. ➡ 할머니께서는 (   ) 흘리셨습니다.

4 다음 〈보기〉와 같이 (   ) 안에 알맞은 말을 써 봅시다.

> **보기**
>
> 지혜는 (   ) 합니다. ➡ 지혜는 (공부를) 합니다.
>   주어   목적어   (   )   주어   목적어   (서술어)

(1) (   ) 달린다.   (2) 아버지께서 (   ) 태워 주셨다.
   주어   (   )   (   )   목적어   서술어

정답 **1** (1) 개미는 곤충이다.   (2) 날씨가 덥다.   (3) 종달새가 노래한다.

2 (1) 지혜는 바나나를 좋아합니다.   (2) 농부가 황소를 끌고 갑니다.

3 (1) 가슴이   (2) 눈물을

4 (1) 사자가(지혜가) / 서술어   (2) 주어 / 차를

(3) 문장의 종류 

① 풀이하는 문장

　㉠ 어떤 대상이나 사실, 생각 등을 있는 그대로 풀어 쓰는 문장이다.　예 학교에 간다. 운동을 한다. 누나를 불렀다.

　㉡ 주로 문장이 '-다.', '-ㅂ니다.'로 끝난다.

　㉢ 문장 끝에 온점(.)이 붙는다.

② 묻는 문장

　㉠ 상대방의 의견을 물어보거나 대답을 요구하는 문장이다.

　　예 밖에 비가 그쳤니? 청소를 할까?

　㉡ 주로 문장이 '-까?', '-냐?', '-니?' 등으로 끝난다.

　㉢ 문장 끝에 물음표(?)가 붙는다.

③ 시키는 문장

　㉠ 상대방에게 무엇을 시키거나 부탁할 때 쓰이는 문장이다.

　　예 아침에 일찍 일어나라.

　㉡ 주로 문장이 '-(해)라.', '-오.' 등으로 끝난다.

　㉢ 문장 끝에 온점(.)이 붙는다.

④ 권유하는 문장

　㉠ 상대방에게 어떤 일을 같이 해 보자고 권하는 문장이다.　예 우리 함께 숙제하자. 운동장에 공놀이하러 가자.

　㉡ 주로 문장이 '-(하)자.', '-세.' 등으로 끝난다.

　㉢ 문장 끝에 온점(.)이 붙는다.

⑤ 감탄을 나타내는 문장

　㉠ 기쁨이나 슬픔, 놀람, 감동 등의 느낌을 나타내는 문장이다.　예 네 동생은 아주 귀엽게 생겼구나! 참 향기롭구나!

바로 확인

01 다음 문장의 종류는?

> 할머니, 어디로 가시는 거예요?

① 감탄하는 문장　② 풀이하는 문장
③ 시키는 문장　❹ 묻는 문장

02 시키는 문장은 어느 것인가?
① 참 향기롭구나!
② 내 동생 사진이야.
❸ 물 한 잔 가져와라.
④ 우리, 오늘 산에 가자.

ⓛ 주로 문장이 '-구나!'로 끝난다.

ⓒ 문장 끝에 느낌표(!)가 붙는다.

1 다음 문장들을 묻는 문장, 시키는 문장, 풀이하는 문장, 권유하는 문장, 감탄을 나타내는 문장으로 구별하여 봅시다.

(1) 어머니, 학교에 다녀왔습니다.

(2) 은혜를 원수로 갚겠단 말이냐?

(3) 우리가 거위한테 가 보자.

(4) 사과가 아주 먹음직스럽구나!

(5) 그대로 따라서 해 보세요.

2 다음 문장을 묻는 문장과 시키는 문장으로 바꾸어 써 봅시다.

토끼가 재판을 합니다.

(1) 묻는 문장 :

(2) 시키는 문장 :

3 다음 문장을 감탄을 나타내는 문장으로 바꾸어 써 봅시다.

단풍잎이 무척 아름답다.	➡

정답 **1** (1) 풀이하는 문장　(2) 묻는 문장
　(3) 권유하는 문장　(4) 감탄을 나타내는 문장　(5) 시키는 문장
2 (1) 토끼가 재판을 합니까?　(2) 토끼야, 재판을 해 다오.
3 단풍잎이 무척 아름답구나!

(4) 문장에 쓰인 호응 관계

① 문장을 쓸 때 호응 관계가 적절해야 하는 까닭 : 문장을 쓸 때 호응 관계가 적절하지 않으면 문장이 어색해지고 쓴 사람의 의도가 잘못 전달될 수 있기 때문이다.

🌱 호응 : 문장에서 앞에 어떤 말이 오면 거기에 대응하는 말이 따라오는 것을 호응이라고 한다.

② 문장에 쓰인 호응 관계의 종류 

ㄱ 시간을 나타내는 말과 서술어의 호응

- **내일** 친구를 **만날 거야**.
- 나는 **어제** 재미있는 동화책을 **읽었다**.

ㄴ 꾸며 주는 말과 꾸밈을 받는 서술어의 호응

- **결코** 희망을 **잃지 않을 거야**.
- **아무리 힘들어도** 할 일은 해야지.
- **만약**, 날씨가 **좋다면** 공원에 가서 자전거를 타자.
- 수영을 하기 전에 **반드시** 준비 운동을 **해야 한다**.

ㄷ 동작을 하는 주어와 서술어의 호응

- **나는** 바다를 **보았습니다**.
- **경찰이** 도둑을 **잡았다**.

ㄹ 동작을 당하는 주어와 서술어의 호응

- **동생이** 누나에게 **업혔다**.
- **도둑이** 경찰에게 **잡혔다**.

ㅁ 높임의 대상을 나타내는 말과 서술어의 호응

- **민수가** 밥을 **먹는다**.
- **할머니께서** 맛있는 떡을 **주셨다**.
- **아버지께** 선물을 **드렸다**.

---

01 다음 문장에서 표현이 바른 것은?

❶ 나는 결코 거짓말을 하지 않겠다.
② 너는 누가 공부를 배워 주니?
③ 우리나라 겨울 산은 여간 곱다.
④ 그들이 약수터에 간 것은 비단 오늘뿐이다.

- ② 배워 주니 → 가르쳐 주니
  ③ 여간 곱다 → 여간 곱지 않다
  ④ 비단 오늘뿐이다 → 비단 오늘뿐이 아니다

02 표현이 바른 문장은?

① 내일 친구를 만났어.
② 민수가 진지를 드신다.
③ 아무리 힘들어서 쉬어야지.
❹ 결코 희망을 잃지 않을 거야.

1 밑줄 친 부분에 주의하여 다음과 같이 ☐ 부분의 말을 문장의 호응 관계가 알맞게 바꾸어 써 봅시다.

> <u>아버지께서</u> 생일 선물로 사 준 ➡ 주신

(1) <u>그제야</u> 내가 청소 당번이라는 것이 생각날 거야 . ➡

(2) <u>비록</u> 오래된 가방이라서 ➡

(3) <u>앞으로</u> 나는 너와 더욱 친하게 지냈어 . ➡

2 밑줄 친 부분에 주의하며 적절한 호응관계를 찾아 ( ) 안에 써 넣어 봅시다.

> 왜냐하면, 마치, 만약

(1) 오늘 날씨는 ( ) 봄 날씨 <u>같다</u>.

(2) ( ), 비가 <u>온다면</u> 운동회는 연기될 것이다.

(3) 철수는 공부를 잘한다. ( ), 평소에 꾸준히 공부하는 습관을 들였기 <u>때문이다</u>.

3 다음처럼 밑줄 친 부분을 바꾸어 써 봅시다.

(1) > 사냥꾼이 호랑이를 <u>잡았다</u>. ➡ 호랑이가 사냥꾼에게 <u>잡혔다</u>.

어머니가 아기를 <u>업었다</u>. ➡ 아기가 어머니에게 ( ).

> (2) | <u>동생이</u> 떡을 <u>먹는다</u>. ➡ <u>할아버지께서</u> 떡을 <u>잡수신다</u>.

<u>동생이</u> 가게에 <u>들어간다</u>. ➡ <u>할아버지께서</u> 가게에 (   ).

정답 ① (1) 생각이 났어 (2) 가방이지만 (3) 지내고 싶어
② (1) 마치 (2) 만약 (3) 왜냐하면   ③ (1) 업혔다 (2) 들어가신다

(5) 적절한 표현

① 의미 : 적절한 표현이란 낱말이나 문장을 효과적으로 사용하고, 글의 제목과 종류에 어울리는 내용으로 구성하는 것을 말한다.

② 적절하지 않은 표현을 찾는 방법

　㉠ 문장의 앞뒤 내용이 매끄럽게 연결되는지 살펴본다.

　㉡ 글 속에서 어울리지 않는 낱말이나 문장이 있는지 살펴본다.

> 놀이터에 가려고 하는데 **어제** 어머니가 시장에서 돌아오셨다.
> ➡ 놀이터에 가려고 할 때 어머니가 오셨으므로 '어제'라는 낱말은 적절하지 않다.

　㉢ 문장의 내용이 글의 전체 내용이나 제목에 어울리는지 살펴본다.

> **태풍 이름**
> ㉠ '개미', '제비', '소나무', '도라지'.
> ㉡ 이 이름들은 우리나라와 북한이 정한 태풍 이름입니다.
> ㉢ 또한 개미, 제비 등은 동물의 이름이고, 소나무, 도라지 등은 식물의 이름입니다.
> ➡ ㉢은 글의 제목인 '태풍 이름'에 어울리는 내용이 아니다.

다음 ( ) 안에 알맞은 말은 어느 것인가?

> 태풍 이름은 태풍이 발생할 때마다 정하지 않습니다. 태풍 이름은 미리 여러 가지를 정하여 놓았다가 태풍이 발생하면 (   ) 붙입니다.

① 갑자기　　　② 급하게
❸ 차례대로　　④ 마음대로

☞ 태풍 이름은 미리 정해 놓은 여러 가지 이름 중에서 차례로 붙인다.

③ 문 단

(1) 문단의 뜻 중요

문단이란 몇 개의 문장이 모여서 하나의 중심 생각을 나타내는 글의 단위를 말한다.

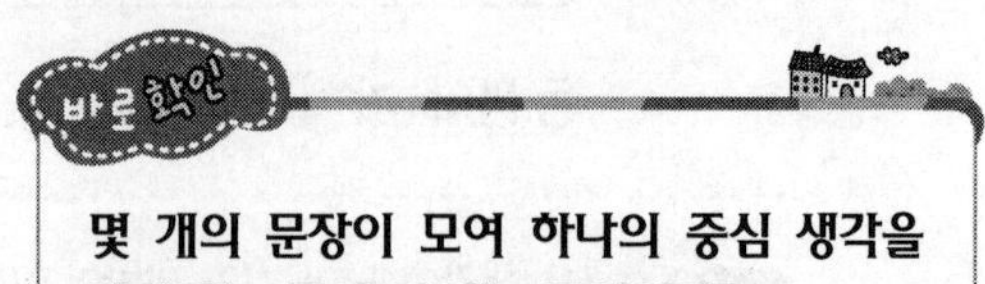

(2) 문단의 짜임

문단은 중심 문장과 뒷받침 문장으로 이루어져 있다.

① 중심 문장 : 문단의 중심이 되는 문장으로 그 문단의 주제와 중심 내용이 들어 있다.

② 뒷받침 문장 : 문단의 중심 내용을 자세하게 나타내어 주는 문장이다.

> 내가 좋아하는 음식은 불고기와 비빔밥입니다. 불고기는 고기에 양념을 넣어 달콤하고 맛있습니다. 비빔밥은 여러 종류의 나물을 한꺼번에 먹을 수 있어서 좋습니다.
> 내가 좋아하는 동물은 진돗개입니다. 진돗개는 성격이 온순하고 머리도 영리하여 좋아하게 되었습니다.

→ 2개의 문단으로 나누어져 있다.

구 분	중심 문장	뒷받침 문장
첫 번째 문단	내가 좋아하는 음식은 불고기와 비빔밥입니다.	불고기는 고기에 양념을 넣어 달콤하고 맛있습니다. 비빔밥은 여러 종류의 나물을 한꺼번에 먹을 수 있어서 좋습니다.
두 번째 문단	내가 좋아하는 동물은 진돗개입니다.	진돗개는 성격이 온순하고 머리도 영리하여 좋아하게 되었습니다.

(3) 문단의 짜임에 맞게 글 쓰기

① 한 문단에는 하나의 중심 생각이 있어야 한다.

② 뒷받침 문장은 중심 문장과 관련 있는 내용만 쓴다.

③ 읽는 이가 이해하도록 뒷받침 문장을 자세히 쓴다.

④ 중심 문장은 문단의 처음에 올 수도 있고 문단의 끝에 올 수도 있다.

⑤ 문단을 시작할 때에는 <u>한 글자 들여쓰기</u>를 한다.

> 시장은 많은 사람들로 붐빈다. 물건을 파는 사람들이 많다. 물건을 사는 사람들도 많다. 물건을 나르는 사람들도 눈에 뜨인다.

4 속 담

(1) 속담의 뜻

속담이란 예로부터 전해 내려오는 교훈이나 풍자적인 내용을 표현한 짧은 말이다.

(2) 주요 속담

- 가는 말이 고와야 오는 말이 곱다 : 내가 남에게 좋게 해야 남도 나에게 좋게 한다는 말 → 친절

- 가랑잎이 솔잎더러 바스락거린다고 한다 : 자기는 더 큰 흉이 있으면서 도리어 남의 작은 흉을 본다는 뜻

- 개구리 올챙이 적 생각 못한다 : 형편이 전보다 나아진 사람이 어려웠던 지난날을 생각하지 않고 처음부터 잘난 것처럼 뽐낸다는 말

- 공든 탑이 무너지랴 : 공들인 일은 쉽게 실패하지 않는다는 말

01 '쉬운 일도 혼자 하는 것보다 여럿이 힘을 합쳐 하면 더 잘할 수 있다.'라는 뜻의 속담은?

① 바늘 가는 데 실 간다.
② 낫 놓고 기역 자도 모른다.
③ 구더기 무서워 장 못 담글까
❹ 백지장도 맞들면 낫다.

02 다음 속담 중에서 뜻이 <u>다른</u> 하나는?

① 첫 술에 배부르랴.
② 천 리 길도 한 걸음부터
❸ 소 잃고 외양간 고친다.
④ 티끌 모아 태산

❦ ③ 일이 벌어진 다음에 뉘우쳐도 소용없다.
①, ②, ④ 작은 것부터 꾸준히 노력하라.

- 구더기 무서워 장 못 담글까 : 방해되는 것이 있더라도 할 일은 하여야 한다는 말

- 낫 놓고 기억 자도 모른다 : 기역 자 모양으로 생긴 낫을 보면서도 기역 자를 모른다는 의미로 아주 무식하다는 말

- 낮말은 새가 듣고, 밤말은 쥐가 듣는다 : 말은 반드시 새어 나가기 마련이니, 말을 항상 조심해서 해야 한다는 뜻 중요

- 누워서 침 뱉기 : 다른 사람을 해하려다 도리어 자기가 해를 입는다는 말

- 등잔 밑이 어둡다 : 가까이 있는 것이 도리어 알기 어렵다는 뜻

- 뚝배기보다 장맛 : 겉으로 보기에는 하잘것없으나 내용은 겉에 비해서 훌륭하다.

- 말 한마디에 천 냥 빚을 갚는다 : 말만 잘하면 어려운 일이나 불가능해 보이는 일도 해결할 수 있다. → 친절

- 바늘 가는 데 실 간다 : 서로 떨어지지 않고 항상 같이 다닐 정도로 사이가 좋다.

- 바늘 도둑이 소 도둑 된다 : 작은 도둑이 자라서 큰 도둑이 된다는 말

- 발 없는 말이 천 리 간다 : 말을 조심하여 비밀을 지켜야 하는 상황

- 백지장도 맞들면 낫다 : 쉬운 일도 혼자 하는 것보다 여럿이 힘을 합쳐 하면 더 잘할 수 있다.

- 보기 좋은 떡이 먹기도 좋다 : 겉이 아름다워야 속도 좋다는 말

- 빛 좋은 개살구 : 실속이 없이 겉만 번지르르하다는 뜻

- 사공이 많으면 배가 산으로 간다 : 서로 다른 의견이 너무 많아서 결정을 내리기 힘든 상황

- 세 살 버릇 여든까지 간다 : 어릴 때의 버릇은 늙도록 고치기 어렵다는 말

- 소 잃고 외양간 고친다 : 이미 일이 벌어진 다음 뉘우쳐도 쓸데없다는 뜻

- 식은 죽 먹기 : 매우 쉽다는 뜻

- 아는 길도 물어 가라 : 아무리 익숙한 일이라도 남에게 물어서 실수 없이 하라는 뜻

- 아니 땐 굴뚝에 연기 날까? : 원인 없이 결과가 있을 수 없다는 뜻

- 얕은 내도 깊게 건너라 : 쉬운 일이라도 경솔히 해서는 안 된다는 말

- 우물 안 개구리 : 자신이 알고 있는 것이 전부라고 생각하는 사람, 즉 식견이 좁음을 뜻하는 말

- 우물에 가 숭늉 찾는다 : 모든 일에는 질서와 차례가 있는 법인데 일의 순서도 모르고 성급하게 덤빔을 이르는 말 → 성급한 성질을 나무라는 뜻
- 우물을 파도 한 우물을 파라 : 어떠한 일이든 한 가지 일을 끝까지 하여야 성공할 수 있다.
- 작은 고추가 맵다 : 작은 것이 큰 것보다 더 단단하다는 뜻
- 티끌 모아 태산 : 조그마한 것도 모이면 큰 것이 된다는 말
- 천 리 길도 한 걸음부터 : 무슨 일이나 그 일의 시작이 중요하다는 말 → 어려운 일도 작은 것부터 착실히 해야 한다.
- 하룻강아지 범 무서운 줄 모른다 : 철모르고 함부로 덤빈다는 뜻
- 한술 밥에 배부르랴(첫술에 배부르랴) : 한두 번 해서는 성과가 없고 꾸준히 노력해야 한다는 것을 나타내는 말

5 관용 표현

(1) 관용 표현의 뜻

관용 표현은 둘 이상의 낱말이 어울려 원래의 뜻과는 다른 새로운 뜻으로 굳어져 쓰이는 표현을 말한다.

- 미역국 먹다 : 시험에 떨어지다.
- 눈이 빠지도록 기다리다 : 몹시 기다리다.
- 발이 넓다 : 인간관계가 넓다.
- 입이 무겁다 : 말이 적다. 신중하다.

앞 말의 뜻을 잘못 설명한 것은?

❶ 코앞에 닥치다 → 시간이 많이 남아 있다.
② 고개를 못 들다 → 창피해 죽겠다.
③ 비가 오나 눈이 오나 → 매일, 항상
④ 그릇이 크다 → 큰일을 할 능력이 있다.

✿ ① 어떤 일이나 해야 할 시간이 바짝 다가옴

(2) '손'의 뜻이 달라진 관용 표현

① 손에 익다 : 일이 손에 익숙해지다. 예 한석봉의 어머니는 떡을 써는 일이 **손에 익어** 불을 끄고도 떡을 썰 수 있다.

② 손을 떼다 : 하던 일을 그만두다.   예 그는 사업에서 **손을 뗀** 지 오래이다.

③ 손이 맵다 : 손으로 슬쩍 때려도 몹시 아프다. 일하는 것이 빈틈없고 매우 야무지다.
   예 **손이 매운** 영희에게 맞으면 몹시 아프다.

④ 손이 크다 : 씀씀이가 후하고 크다.   예 우리 어머니는 **손이 커서** 음식을 많이 만드신다.

(3) '발'의 뜻이 달라진 관용 표현

① 발이 넓다 : 사귀어 아는 사람이 많아 활동하는 범위가 넓다.   예 그 사람은 그쪽 방면
으로 **발이 넓어** 네가 도움을 받을 수 있을 거다.

② 발이 묶이다 : 몸을 움직일 수 없거나 활동할 수 없는 형편이 되다.   예 영우는 해야
할 숙제에 **발이 묶여** 친구들과 놀 수가 없다.

③ 발이 떨어지지 않다 : 애착, 미련, 걱정 따위로 마음이 놓이지 않아 선뜻 떠날 수가 없
다.   예 정든 학교를 떠나려니 **발이 떨어지지 않는다**.

④ 발이 뜸하다 : 자주 다니던 것이 한동안 머춤하다.   예 그동안 **발이 뜸하였던** 우리를 반
갑게 맞아 주셨다.

수나 양의 단위를 나타내는 말 중요

1. **쌀 한 되** : 쌀의 분량을 헤아리는 단위로, 약 1.8리터에 해당
2. **쌀 한 말** : 쌀의 분량을 헤아리는 단위로, 되의 열 배
3. **오이 한 거리** : 오이 오십 개를 한 단위로 세는 말
4. **마늘 한 접** : 마늘 백 개를 한 단위로 세는 말
5. **고등어 한 손** : 고등어를 한 손으로 잡을 만한 분량의 단위, 보통 크고 작은 고등어 두 마리
6. **북어 한 쾌** : 북어 스무 마리를 한 단위로 세는 말
7. **조기 한 두름** : 조기를 한 줄에 열 마리씩 두 줄로 엮은 단위
8. **오징어 한 축** : 오징어 스무 마리를 한 단위로 세는 말
9. **김 한 톳** : 김 백 장을 한 묶음으로 세는 단위
10. **바늘 한 쌈** : 바늘 스물네 개를 한 단위로 세는 말

01 다음과 같이 둘로 나눌 수 <u>없는</u> 낱말은?

> • 기와집(기와 + 집)   • 돌다리(돌 + 다리)

① 논밭　　　　　　　　　　② 짐승
③ 벽시계　　　　　　　　　　④ 봄나물

① 논밭 → 논 + 밭, ③ 벽시계 → 벽 + 시계, ④ 봄나물 → 봄 + 나물

02 다음 중 소리를 흉내 낸 말은?

① 아장아장　　　　　　　　② 한들한들
③ 딸랑딸랑　　　　　　　　④ 엉금엉금

①, ②, ④는 모양을 흉내 낸 말이다.

03 다음 중 외래어는 어느 것인가?

① 오솔길　　　　② 컴퓨터
③ 소쿠리　　　　④ 바가지

①, ③, ④는 고유어(순우리말)

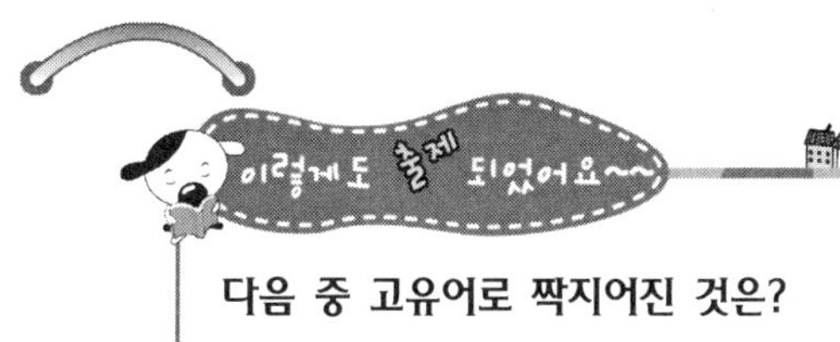

04 다음 밑줄 친 부분은 문장의 구성에서 무엇에 해당하는가?

> 민수가 <u>밥을</u> 먹는다.

① 서술어 ② 주어
③ 수식어 ④ 목적어

민수가 밥을 먹는다.
주어 목적어 서술어

문장을 구성하는 부분 중 '무엇이'에 해당되는 것은?
① 서술어 ② 목적어
❸ 주어 ④ 보어

☞ ④ 보어 : 서술어 '되다, 아니다' 앞에서 서술어를 보충하여 주는 성분
예 철수는 <u>중학생이</u> 되었다.
　　　　보어

05 다음 문장 중 시키는 문장으로만 짝지어진 것은?

> ㉠ 나그네가 산길을 가고 있습니다.
> ㉡ 할 말이 있으면 해 봐라.
> ㉢ 은혜는 어떻게 갚아야 하나요?
> ㉣ 함정이 있는 곳으로 가시오.
> ㉤ 영식아, 우리가 거위한테 가 보자.

① ㉠, ㉣ ② ㉠, ㉤
③ ㉡, ㉣ ④ ㉢, ㉤

㉠ 풀이하는 문장, ㉢ 묻는 문장, ㉤ 권유하는 문장

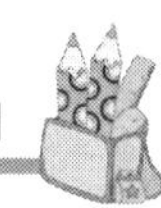

06 다음 중 '천 리 길도 한 걸음부터'라는 속담의 뜻은?

① 간섭하는 사람이 많으면 일이 잘 되지 않는다.

② 말은 새기 쉬우니 조심해야 한다.

③ 어려운 일도 작은 것부터 착실히 해야 한다.

④ 무언가를 애타게 기대하고 기다린다.

해설

'천 리 길도 한 걸음부터'는 많은 일이나 어려운 일도 작은 것부터 착실히 해 나가야 한다는 의미이다.

이렇게도 출제 되었어요~   기출

다음 대화 글의 ( ) 안에 알맞은 속담은?

> 엄마 : 주형아, 워드 프로세서 시험이 언제지?
> 주형 : 다음 달인데 걱정이 돼요.
> 엄마 : 너무 급하게 생각하지 마라. "( )"라고 하지 않니? 차근차근 준비하도록 해라.

❶ 천 리 길도 한 걸음부터

② 발 없는 말이 천 리 간다.

③ 개구리 올챙이 적 생각 못한다.

④ 가는 말이 고와야 오는 말이 곱다.

> ② 말은 발이 없어도 천 리 밖까지 순식간에 퍼진다는 말로, 말을 삼가라는 말
> ③ 형편이 전보다 나아진 사람이 어려웠던 지난날을 생각하지 않고 처음부터 잘난 것처럼 뽐낸다는 말
> ④ 자기가 남에게 말을 좋게 하여야 남도 자기에게 좋게 한다는 말

07 다음 중 낱말이 잘 어울리는 문장은?

① 아마 가족이 모두 서로를 위하기 때문이야.

② 학생은 모름지기 공부에 힘써야 한다.

③ 결코 희망을 잃을 거야.

④ 성민이가 밤늦게 여간 공부하니?

해설

① 때문이야 → 때문일 거야

③ 잃을 거야 → 잃지 않을 거야

이렇게도 출제 되었어요~   기출

우리말의 결합 순서가 옳은 것은?

❶ 찬반 토론이 한창이다.

② 저녁아침으로 운동을 한다.

③ 책이 저기여기 흩어져 있다.

④ 철수는 저곳이곳을 돌아다녔다.

> ② 아침저녁, ③ 여기저기, ④ 이곳저곳

④ 여간 → 열심히

08 다음과 같은 상황에서 쓸 수 있는 관용 표현은?

> 혜미 : 주형아, 지영이라는 애 아니?
> 주형 : 응, 그건 명수한테 물어봐. 명수는
> 　　　　우리 학교 학생들을 다 알거든.

① 입이 무겁다.
② 발이 넓다.
③ 애간장이 타다.
④ 손발이 안 맞는다.

발이 넓다 : 사귀어 아는 사람이 많아 활동하는 범위가 넓다.

'아는 사람이 많다.'를 뜻하는 관용 표현은?
① 간이 붓다.　　② 손이 크다.
❸ 발이 넓다.　　④ 입이 무겁다.

> ③ 발이 넓다 : 인간관계가 넓다.
> ① 간이 붓다 : 겁이 없고 매우 대담
> 　하다.
> ② 손이 크다 : 씀씀이가 크고 후하다.
> ④ 입이 무겁다 : 말이 적다. 신중하다.

09 다음 중 '자동차'를 헤아리는 단위는?

① 대　　　　　② 자루
③ 개　　　　　④ 쌈

② 자루 : 연필이나 볼펜 등을 세는 단위
③ 개 : 물건의 수를 세는 단위
④ 쌈 : 바늘 스물네 개를 한 단위로 세는 말

생선의 조기나 산나물을 세는 단위는?
① 톳　　　　　❷ 두름
③ 쌈　　　　　④ 되

> ② 두름 : 조기 따위의 물고기를 한 줄
> 　에 열 마리씩 두 줄로 엮은 단위
> ① 톳 : 김 백 장을 한 묶음으로 세는
> 　단위
> ③ 쌈 : 바늘 스물네 개를 한 단위로
> 　세는 말
> ④ 되 : 곡식, 가루, 액체 따위의 부
> 　피를 잴 때 쓰는 단위

10 다음 (   ) 안에 적절한 표현으로 가장 알맞은 것은?

> 야구 선수들이 땀을 (   ) 흘리며 훈련을 하고 있습니다.

① 어렵게   ② 하나도

③ 비 오듯이   ④ 튼튼히

땀을 많이 흘린다는 뜻이 적당하므로 '비 오듯이'를 쓴다.

비 오듯 : 화살, 총알 따위가 많이 날아오거나 떨어지다. 눈물이나 땀 따위가 줄줄 많이 쏟아지다.

11 다음 중 밑줄 친 부분과 바꾸어 쓸 수 있는 말은?

> 지구 온난화는 지구의 표면 근처의 공기와 바다의 평균 온도가 계속 <u>상승하는</u> 현상입니다.

① 올라가는

② 내려가는

③ 유지되는

④ 사라지는

상승하다 : 낮은 곳에서 위로 올라가다.

제2절 바르게 쓰기

1 글씨 바르게 쓰기 ^{중요}

(1) ◁ 모양의 글자

받침이 없는 글자 중에서 모음자가 'ㅏ, ㅐ, ㅑ, ㅒ, ㅓ, ㅔ, ㅕ, ㅖ, ㅣ'로 끝나는 글자이다. <예> 가, 거, 게, 나, 다, 라, 리, 아, 이, 서 등

(2) ∧ 모양의 글자

가로획이 긴 모음자 'ㅗ, ㅛ, ㅡ'로 끝나며 받침이 없는 글자이다. <예> 소, 으, 로, 쓰, 또, 고 등

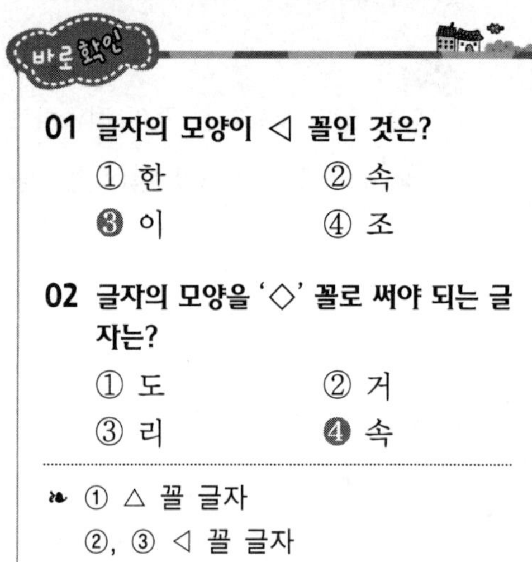

(3) ◇ 모양의 글자

① 모음자 'ㅜ, ㅠ'로 끝나며 받침이 없는 글자 <예> 구, 유 등

② 모음자 'ㅗ, ㅛ, ㅜ, ㅠ, ㅡ' 밑에 받침이 있는 글자 <예> 곰, 용, 물, 흉, 승 등

※ 글씨를 바르게 쓰는 연습을 해 봅시다.

방	구		아	저	씨	가		방	문	을
소	리		나	게		달	았	습	니	다.

② 원고지 바르게 쓰기

(1) 문장 부호의 종류

① 온점(.) : 문장이 끝남을 나타낼 때

② 반점(,) : 문장 안에서 짧은 쉼을 나타낼 때

③ 물음표(?) : 의심이나 물음을 나타낼 때

④ 느낌표(!) : 감탄, 명령 등 강한 느낌을 나타낼 때

⑤ 큰따옴표(" ") : 말을 따 옮기거나 직접 대화를 표시할 때

⑥ 작은따옴표(' ') : 따온 말 가운데 다시 따온 말이나 마음속으로 한 말을 드러낼 때

⑦ 말줄임표(……) : 할 말을 줄이거나 말 없음을 나타낼 때

(2) 원고지 사용법

① 원고지의 첫 부분을 시작할 때에 제목, 학교 이름, 학년과 반, 이름은 일정하게 칸을 비우고 쓴다. 글의 첫 문장을 쓸 때에는 한 줄을 비우고 쓴다.

					태	극	기	에		담	긴		뜻						
											초	록	초	등	학	교		
						5	학	년		3	반		이	지	훈				
	나	는		태	극	기	에		담	긴		뜻	에		대	하	여		자
세	히		알	고		싶	어	서		여	러		가	지		자	료	를	
찾	아	보	고	,	새	로		안		내	용	을		정	리	하	였	습	니

② 줄의 끝 부분에서 띄어 써야 하더라도 다음 줄의 첫 칸을 비우고 쓰지 않는다. 띄어 써야 함을 알리기 위하여 줄의 끝 부분에 ∨표를 한다.

	영	지	의		밝	은		목	소	리	를		들	으	면	서		나	는	∨
몸	을		움	츠	렸	다	.												

③ 큰따옴표나 작은따옴표가 들어간 글을 쓸 때에는 첫 칸은 비우고 둘째 칸에 따옴표를 쓰며, 셋째 칸부터 글을 쓴다. 따옴표 안의 글이 길어서 줄을 바꾸어 써야 할 때에는 첫 칸을 비우고 둘째 칸부터 이어서 써 나간다.

	"	피	리	는		똑	같	은	데		네		것	에	서	는		어	쩌
면		그	렇	게		맑	은		소	리	가		나	니	?	"			

④ 온점이나 반점은 한 칸에 쓰고 다음 칸을 비우지 않는다. 말줄임표는 한 칸에 세 개씩 쓰고, 그다음 칸에 온점을 쓴다.

	밝	은		햇	빛		아	래	로		옮	겨	진		도	자	기	들	은	∨
아	우	가		그	토	록		기	대	하	고		상	상	하	였	던		도	
자	기	들	이		아	니	었	습	니	다	.	곰	보	딱	지	처	럼		박	
박		얽	고	,	금	이		가	고	,	트	고	…	…	.					

⑤ 물음표나 느낌표는 한 칸을 차지한다. 문장 부호를 줄의 맨 끝에서 따옴표와 함께 쓸 때에는 같은 칸에 쓴다.

| | ' 들 | 어 | 주 | 기 | | 쉬 | 운 | | 부 | 탁 | 은 | | 아 | 니 | 겠 | 구 | 나 | !' |

바로 확인

다음 중 원고지 쓰기가 바른 것은?

❶ | | ' 참 | | 빠 | 르 | 기 | 도 | | 하 | 구 | 나 | ! | ' |

② | | ' 참 | | 빠 | 르 | 기 | 도 | | 하 | 구 | 나 | !' |

③ | ' 참 | | 빠 | 르 | 기 | 도 | | 하 | 구 | 나 | ! | ' |

④ | ' 참 | | 빠 | 르 | 기 | 도 | | 하 | 구 | 나 | !' |

🡒 원고지의 첫 칸은 쓰지 않으며 따옴표는 한 칸에 쓰고, 느낌표도 한 칸에 쓴다.

(3) 교정 부호의 쓰임 중요

교정 부호	고치기 전	고친 뒤
∨ 띄어 쓸 때	나는 파란 하늘을∨좋아한다.	나는 파란 하늘을 좋아한다.
⌒ 붙여 쓸 때	나는 파란 하늘을 좋아 한다.	나는 파란 하늘을 좋아한다.
한 글자를 고칠 때	나는 파란 하늘을 좋아한다.	나는 파란 하늘을 좋아한다.
줄을 바꿀 때	멀리서 외친다. "어머니 오신다."	멀리서 외친다. "어머니 오신다."
줄을 이을 때	멀리서 외친다. "어머니 오신다."	멀리서 외친다. "어머니 오신다."
여러 글자를 고칠 때	온 가족이 모여서 맛있게 먹었다.	온 가족이 모여서 맛있게 먹었다.
⌒ 순서를 바꿀 때	맛있게 점심을 먹었다.	점심을 맛있게 먹었다.

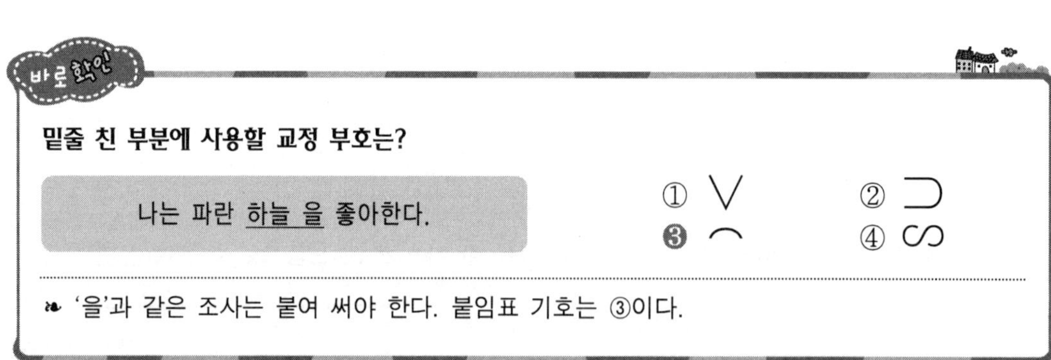

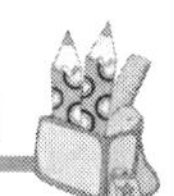

③ 바르게 띄어쓰기

(1) 수를 세는 단위

① '개', '마리', '벌' 등과 같이 수를 세는 단위는 띄어 쓴다.

② 다만, '10장'과 같이 숫자와 어울려 쓰일 때에는 붙여 쓸 수 있다.

> 문방구에서연필한자루와지우개한개를샀다. ➜ 문방구에서 연필 한 자루와 지우개 한 개를 샀다.

(2) 수를 쓸 때

수를 쓸 때에는 만 단위로 띄어 쓴다.

> 일억오천사백칠십팔만구천삼백이십사 ➜ 일억 오천사백칠십팔만 구천삼백이십사

(3) 두 말을 이어 줄 때

두 말을 이어 줄 때에 쓰이는 말은 띄어 쓴다.

> 청군대백군의경기는청군이이겼다. ➜ 청군 대 백군의 경기는 청군이 이겼다.

(4) 여러 가지 말을 열거할 때

여러 가지 말을 열거할 때에 쓰이는 말은 띄어 쓴다.

> 학용품에는연필,지우개,자등이있다. ➜ 학용품에는 연필, 지우개, 자 등이 있다.

확인하고 실력 다지기

※ **다음 문장을 띄어쓰기에 맞게 다시 써 봅시다.**

(1) 6학년이되면나스스로공부를할거야. ➡

(2) 소한마리가풀을뜯고있었다. ➡

(3) 나는양말다섯켤레를가지고있다. ➡

(4) 어머니는유명한소설가겸시인이다. ➡

정답 (1) 6학년이 되면 나 스스로 공부를 할 거야.
(2) 소 한 마리가 풀을 뜯고 있었다.
(3) 나는 양말 다섯 켤레를 가지고 있다.
(4) 어머니는 유명한 소설가 겸 시인이다.

더 알아두기

구별하여 적는 말

느리다 : 진도가 너무 느리다.
늘이다 : 고무줄을 늘인다.
늘리다 : 수출량을 더 늘린다.

다리다 : 옷을 다린다.
달이다 : 약을 달인다.

다치다 : 부주의로 손을 다쳤다.
닫히다 : 문이 저절로 닫혔다.
닫치다 : 문을 힘껏 닫쳤다.

마치다 : 벌써 일을 마쳤다.
맞히다 : 여러 문제를 더 맞혔다.

바치다 : 나라를 위해 목숨을 바쳤다.
받치다 : 우산을 받치고 간다.
책받침을 받친다.

받히다 : 쇠뿔에 받혔다.
밭치다 : 술을 체에 밭친다.

┌ 반드시 : 약속은 반드시 지켜라.
└ 반듯이 : 고개를 반듯이 들어라.

┌ 부딪치다 : 차와 차가 마주 부딪쳤다.
└ 부딪히다 : 마차가 화물차에 부딪혔다.

┌ 부치다 : • 힘이 부치는 일이다.
│　　　　 • 논밭을 부친다.
│　　　　 • 식목일에 부치는 글
│　　　　 • 인쇄에 부치는 원고
└ 붙이다 : • 우표를 붙인다.
　　　　　 • 흥정을 붙인다.
　　　　　 • 감시원을 붙인다.
　　　　　 • 취미를 붙인다.

• 편지를 부친다.
• 빈대떡을 부친다.
• 회의에 부치는 안건
• 삼촌 집에 숙식을 부친다.
• 책상을 벽에 붙였다.
• 불을 붙인다.
• 조건을 붙인다.
• 별명을 붙인다.

┌ 이따가 : 이따가 오너라.
└ 있다가 : 돈은 있다가도 없다.

┌ 저리다 : 다친 다리가 저린다.
└ 절이다 : 김장 배추를 절인다.

┌ 조리다 : 생선을 조린다.
└ 졸이다 : 마음을 졸인다.

┌ 주리다 : 여러 날을 주렸다.
└ 줄이다 : 비용을 줄인다.

┌ (으)로서(자격) : 사람으로서 그럴 수는 없다.
└ (으)로써(수단) : 닭으로써 꿩을 대신했다.

기본 다지기 문제

01 다음에서 '◁' 모양의 글자로만 된 낱말은?

① 학교 ② 웃장
③ 모습 ④ 머리

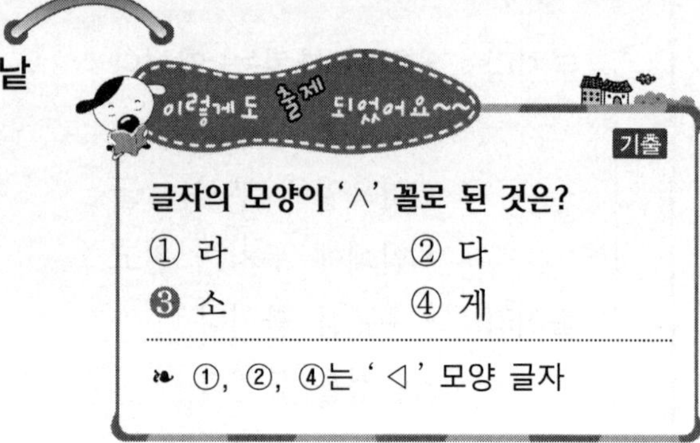

02 다음 중 원고지를 바르게 사용한 것은?

① | " | 애 | , | 너 | 는 | | 공 | 부 | | 안 | | 하 | 니 | ? | " | |

② | " | 애 | , | | 너 | 는 | | 공 | 부 | | 안 | | 하 | 니 | ?" | |

③ | | " | 애 | , | | 너 | 는 | | 공 | 부 | | 안 | | 하 | 니 | ? | " |

④ | | " | 애 | , | | 너 | 는 | | 공 | 부 | | 안 | | 하 | 니 | ?" |

해설 큰따옴표나 작은따옴표가 들어간 글을 쓸 때에는 첫 칸은 비우고 둘째 칸에 따옴표를 쓴다.

03 교정부호 'V'의 쓰임을 바르게 설명한 것은?

① 글을 바꿀 때
② 붙여 쓸 때
③ 띄어 쓸 때
④ 줄을 바꿀 때

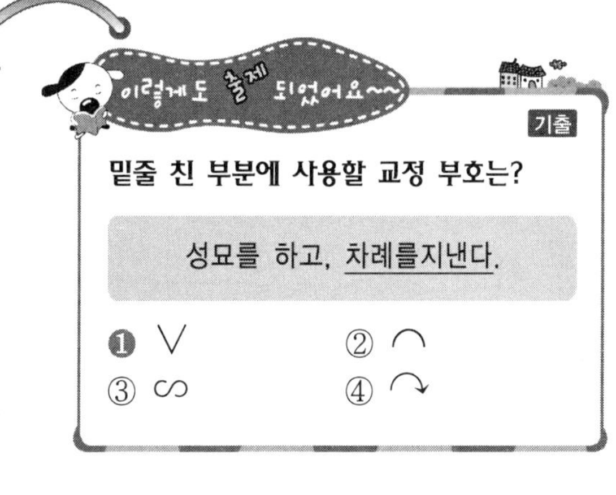

① 글을 바꿀 때 ∽   ② 붙여 쓸 때 ⌒   ④ 줄을 바꿀 때 ⌐

04 다음을 올바르게 띄어 쓴 것은?

> 경주시전체를구석구석다보고왔다.

① 경주시 전체를 구석구석 다보고 왔다.
② 경주시 전체를 구석구석 다 보고 왔다.
③ 경주시 전체를 구석 구석 다 보고 왔다.
④ 경주시 전체를 구석 구석 다 보고왔다.

05 다음 문장에 알맞은 문장 부호는?

> 아, 곱기도 하구나(   )

① ?   ② …….   ③ :   ④ !

감탄을 나타내는 문장이므로 느낌표(!)가 들어가야 한다.

제3절 여러 종류의 글 쓰기

1 시

(1) 시의 뜻

시는 글쓴이가 마음으로 느끼는 감정을 노래하듯이 나타낸 글이다.

(2) 시의 특징 

① 운율을 살려 우리의 생각이나 느낌을 짧은 문장으로(함축적으로) 나타낸 글이다.

② 시는 보통 줄글에 비하여 짧고, 연과 행으로 이루어져 있다.

> 행과 연
> - 행 : 동시에서의 한 줄 한 줄을 말한다.
> - 연 : 행과 행이 모여서 이루어진 것으로, 산문에서 문단과 같은 것을 말한다.

③ 같은 말, 같은 행이 되풀이되기도 한다.

④ 글 속에 운율이 있어 리듬이 느껴진다.

⑤ 말의 뜻이 깊고 표현이 재미있다.

⑥ 말에 감동과 느낌을 표현하기 위해서 비유가 많이 쓰인다.

다음과 같은 글의 특징으로 바른 것은?

등나무에 기대서서
신발코로 모래 파다가

텅 빈 운동장으로
힘 빠진 공을 차 본다.

내 짝꿍 왕방울눈 울보가
오늘
전학을 갔다.

❶ 연과 행을 구별하여 쓴다.
② 장면 묘사나 생각을 자세히 쓴다.
③ 서론, 본론, 결론으로 구분하여 쓴다.
④ 줄글과 대화 글을 사용하여 이야기하듯이 쓴다.

「친구 생각」, 김일연 : 전학을 간 짝꿍을 생각하며 쓴 시로, 쓸쓸하고 허전한 마음이 나타나 있다.

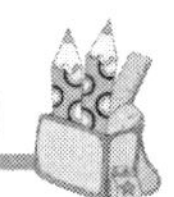

(3) 시의 글감

본 일, 들은 일, 직접 겪은 일, 마음속으로 생각한 것, 새롭게 발견한 것, 떠오른 느낌이나 상상한 것

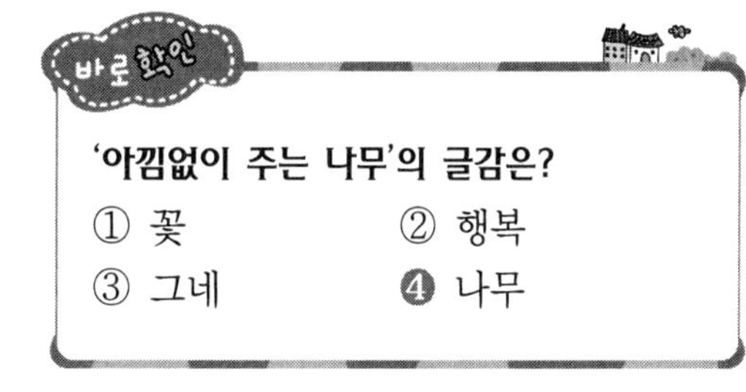

① **생활 경험에서** : 소풍, 시험, 여행, 생일, 이사 등

② **자연물에서** : 나무, 강아지, 달님, 별님, 바람, 봉숭아 등

③ **생활 용품에서** : 손수건, 우산, 가방, 가위, 지우개 등

④ **사람에게서** : 어머니, 아버지, 친구, 동생 등

(4) 시를 쓰는 방법

① 알맞은 말을 골라 짧게 줄여서 쓴다.

② 행과 연을 구분하여 쓴다.

③ 리듬을 살려 부드러운 문장으로 쓴다.

④ 설명을 피하고 말을 줄여서 쓴다.

⑤ 느낌을 나타내야 한다.

⑥ 알맞은 비유를 사용하여 그림 그리듯이 쓰며, 생동감 있게 표현하여 쓴다.

🌱 동시 쓰는 순서 : 글감 고르기 → 생각이나 느낌 쓰기 → 다듬기

(5) 시의 표현 방법

① **개행(줄 바꾸기) 표현** : 시에서는 느낌을 강하게 나타내기 위하여 줄 바꾸기를 한다.

② **반복 표현** : 한 낱말을 반복 표현하면 뜻이 강하게 느껴지고 리듬도 살릴 수 있다.

③ **대구 표현** : 서로 맞서거나 비교가 되는 말을 사용하여 표현할 수 있다.

④ **도치 표현** : 글의 순서를 바꾸어 뜻을 강조하기 위한 표현 방법이다.

⑤ 비유 표현 중요

비유란 표현하고자 하는 대상을 공통점을 가진 다른 대상에 빗대어 표현하는 방법이다. 예 직유법, 은유법, 의인법 등

㉠ 직유법 : 비유하는 말 다음에 '~처럼, ~같이, ~듯, ~인양' 등을 붙여 비슷한 사물이나 인상을 직접 빗대어 나타내는 표현법 예 쟁반같이 둥근 달, 호수처럼 예쁜 눈

㉡ 은유법 : '~은 ~이다'와 같은 형식을 가지고 그 사물의 특징을 나타내는 표현법 예 시간은 돈이다.

㉢ 의인법 : 사람이 아닌 것을 사람인 것처럼 나타내는 표현법 예 소리 지르며 달리는 냇물, 나는 시계입니다.

㉣ 대유법 : 어떤 사물로써 대신 나타내는 표현법 예 무궁화 삼천리 → 대한민국

㉤ 의성법 : 자연이나 사물의 소리를 본떠서 나타내는 표현법 예 강아지가 멍멍 짖는다.

㉥ 의태법 : 사물의 행동이나 모양을 본떠서 나타내는 표현법 예 뭉게뭉게 떠 있는 구름

㉦ 풍유법 : 속담 등을 이용하여 말 속에 다른 뜻을 담아 참뜻을 짐작하게 하는 표현법 예 개미구멍으로 공든 탑 무너진다. ➔ 조그만 잘못으로 큰 손해를 볼 수 있으니 항상 주의하라는 뜻

(6) 시의 일부분을 바꾸어 쓰는 방법

① 시의 낱말이나 행, 연의 일부분을 바꾸어 쓴다. ➔ 꾸며 주는 말을 넣거나 같은 낱말을 반복한다.

② 내가 겪은 일을 떠올려 글감을 바꾸어 쓴다.

③ 시 속의 주인공을 바꾸어 써 본다.

④ 시를 바꾸어 쓸 때에는 주제가 분명히 드러나야 한다.

(7) 시를 이야기로 바꾸어 쓰는 방법

① 제목과 주제를 정한다.

② 이야기의 구성 요소(인물, 때, 곳)를 생각한다.

③ 시를 읽고 시의 내용을 처음, 가운데, 끝으로 나누어 이야기의 순서를 정한다.

④ 대화나 장면 묘사 등의 추가할 내용을 생각한다.

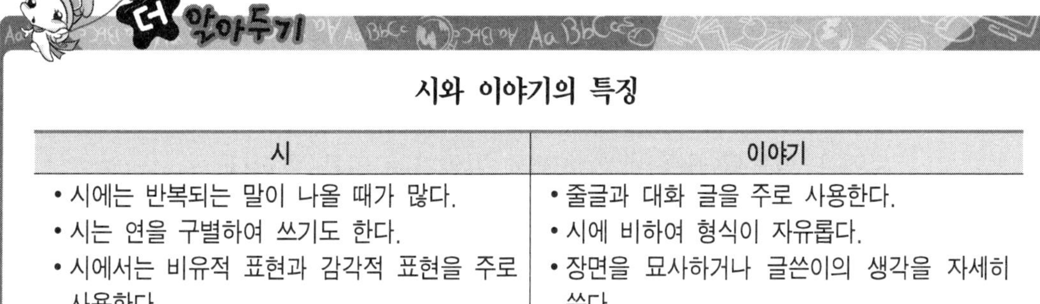

시와 이야기의 특징

시	이야기
• 시에는 반복되는 말이 나올 때가 많다. • 시는 연을 구별하여 쓰기도 한다. • 시에서는 비유적 표현과 감각적 표현을 주로 사용한다.	• 줄글과 대화 글을 주로 사용한다. • 시에 비하여 형식이 자유롭다. • 장면을 묘사하거나 글쓴이의 생각을 자세히 쓴다.

(8) 시화집 만들기

① 시화집의 뜻 : 시화집은 시와 그림으로 이루어진 책이다.

② 시화 꾸미기

　㉠ 시화는 시와 그림으로 이루어져 있다.

　㉡ 그림은 시에 어울리는 선, 색깔, 모양 등을 생각하며 그린다.

　㉢ 시와 그림을 어울리게 표현하면 시의 느낌을 더 실감 나고 흥미롭게 나타낼 수 있다.

③ 시화집 만드는 과정

시를 쓰고 어울리는 그림을 그려 시화를 만든다.

시화집의 모양을 정하고 완성된 시화 꾸미기 자료를 시화집의 각 면에 붙인다.

시화집의 표지를 꾸민다.

시화와 표지를 함께 묶어 시화집을 완성한다.

❷ 이야기

(1) 이야기의 구성 요소

이야기는 인물, 사건, 배경으로 이루어진다.

① 인물 : 이야기에서 어떤 일을 벌이거나 겪는 사람을 말한다.

② 사 건

   ㉠ 사건은 인물의 행동이 이어져서 일어나는 일을 말한다.

   ㉡ 사건을 연결할 때에는 시간 순서, 원인과 결과, 장소의 바뀜을 생각하여야 한다.

③ 배경 : 배경은 사건이 벌어지는 주된 곳으로, 공간적 배경과 시간적 배경으로 나눈다.

   ㉠ 시간적 배경 : 그 이야기 속의 사건이 일어난 때  과거와 현재, 아침이나 저녁

   ㉡ 공간적 배경 : 그 이야기 속의 사건이 일어난 곳

(2) 이야기 꾸며 쓰기

① 이야기를 꾸밀 때에 주의할 점

   ㉠ 주제를 생각하고 주제에 알맞은 내용인지 생각한다.

   ㉡ 인물의 성격이나 앞뒤 내용을 생각한다.

   ㉢ 사건들을 시간의 흐름이나 장소의 변화에 따라 자연스럽게 전개한다.

② 주제에 알맞은 이야기를 만드는 방법

   ㉠ 이야기의 주제에 알맞은 새로운 인물을 등장시켜 사건을 이어 간다.

   ㉡ 시간적·공간적 배경의 변화를 생각한다.

ⓒ 이야기는 시간의 흐름에 따라 전개되고, 앞뒤 사건은 원인과 결과의 관계를 나타내기도 한다.

③ 사건 사이의 관계가 잘 드러나게 이야기를 꾸며 쓰기

ㄱ 인물의 성격에 따라 이야기의 전개가 달라지기도 한다. 인물의 성격을 잘 파악하여 사건을 꾸며 쓴다.

ㄴ 이야기에서는 인물이 활동하고 사건이 벌어지는 시간과 장소인 배경이 중요하다. 시간의 순서나 장소의 달라짐을 따져 사건을 연결한다.

ㄷ 원인과 결과로 사건을 관계 지을 수 있다. 이야기를 쓸 때에는 이야기의 흐름이 자연스럽게 이어지도록 쓴다.

ㄹ 사건 사이의 관계를 드러내는 방법

- 주요 사건을 시간의 흐름에 따라 써 본다.
- 원인과 결과에 따라 사건 사이의 관계를 정리하여 본다.

(3) 이야기를 희곡으로 바꾸어 쓰는 방법

① 인물과 배경에 대한 정보(때, 곳, 나오는 사람 등)는 해설로 나타낸다.
② 인물의 행동이나 표정은 지문으로 나타낸다.
③ 인물의 말은 대사로 나타낸다.

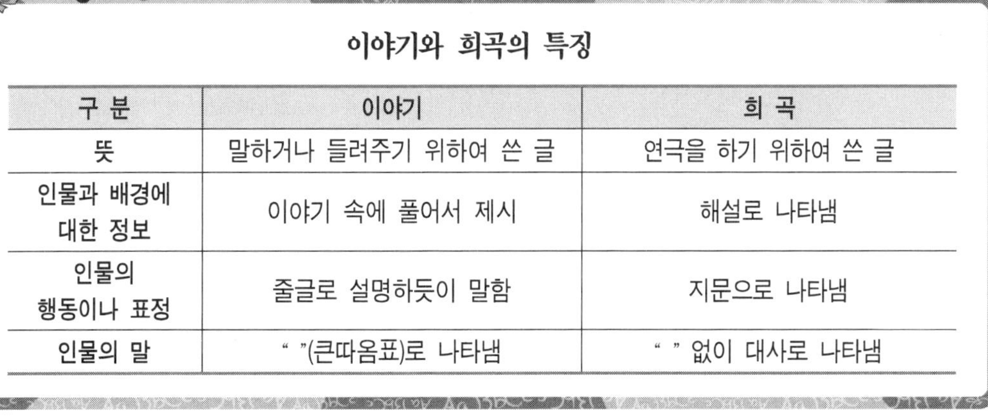

이야기와 희곡의 특징

구 분	이야기	희 곡
뜻	말하거나 들려주기 위하여 쓴 글	연극을 하기 위하여 쓴 글
인물과 배경에 대한 정보	이야기 속에 풀어서 제시	해설로 나타냄
인물의 행동이나 표정	줄글로 설명하듯이 말함	지문으로 나타냄
인물의 말	" "(큰따옴표)로 나타냄	" " 없이 대사로 나타냄

※ 다음 이야기를 희곡으로 바꾸려고 합니다. ☐ 안에 알맞은 말을 써 넣어 봅시다.

[이야기]

플랜더스의 개

위다

네로와 파트라셰는 마을로 향하였습니다. 매서운 눈보라가 눈을 가려 한 치 앞도 보이지 않았습니다. 갑자기 파트라셰가 눈을 헤집더니 갈색 지갑을 끄집어내었습니다.

네로는 지갑을 자세히 살펴보았습니다.

"파트라셰, 아로아 아버지의 지갑이야!"

아로아의 집에 도착한 네로는 문을 두드렸습니다. 아로아와 함께 문을 열고 나온 아로아의 엄마는 흐르는 눈물을 훔치며 다정한 목소리로 말하였습니다.

"정말 미안하다만, 아로아 아버지가 오기 전에 가는 게 좋겠구나. 오늘 좋지 않은 일이 생겼거든. 집으로 오는 길에 많은 돈이 든 지갑을 잃어버렸는데, 그걸 찾겠다고 나갔단다."

네로는 주워 온 지갑을 내밀었습니다.

"파트라셰가 지갑을 찾은 거예요."

[희 곡]

플랜더스의 개

☐ ㉠ ☐ : 눈보라 치는 어느 겨울날

☐ ㉡ ☐ : 눈보라 치는 거리와 아로아의 집

나오는 사람 : 네로, 파트라셰, 아로아, 아로아의 엄마

장면 1

불이 켜지면 네로와 파트라셰가 눈길 위에 서 있다.

네로 : (놀란 목소리로) 파트라셰, 아로아 아버지의 지갑이야!

장면 2

불이 켜지면 네로와 파트라셰가 아로아의 집 앞에 서 있다.

아로아 엄마 : (㉢)

정말 미안하다만, 아로아 아버지가 오기 전에 가는 게 좋겠구나. 오늘 좋지 않은 일이 생겼거든. 집으로 오는 길에 많은 돈이 든 지갑을 잃어버렸는데, 그걸 찾겠다고 나갔단다.

네로 : (지갑을 내밀며) ㉣

정답 ㉠ 때, ㉡ 곳, ㉢ 다정한 목소리로, ㉣ 파트라셰가 지갑을 찾은 거예요.

③ 촌 극

(1) 촌극의 뜻

촌극은 길이가 짧은 연극을 의미한다.

(2) 촌극의 특성

① 짧고 하나의 사건으로 구성되어 있다.

② 촌극을 공연하기 위해서는 대본(극본), 등장인물(배우), 관객이 있어야 한다.

③ 다양한 성격을 가진 인물이 등장하고, 인물의 성격이 다르기 때문에 서로 갈등을 겪으며 갈등으로 사건이 생긴다.

(3) 촌극의 대본을 쓰는 방법

① 대본은 등장인물, 사건, 배경이 자연스럽게 연결되도록 쓴다.

② 대본의 형식에 맞추어 해설, 지문, 대사를 넣는다.

해 설	대본의 처음 부분에서 때, 곳을 설명하고 등장인물을 소개하는 부분이다.
지 문	등장인물의 행동, 몸짓, 표정, 마음, 분위기, 장면 등을 ( ) 안에 써서 지시하는 부분이다.
대 사	등장인물들이 주고받는 말로 극의 중심이 되는 부분이며 사건을 전개하고 등장인물의 성격을 드러낸다. → 대사는 현재 일어난 일처럼 쓰고 말하듯이 자연스럽게 쓴다.

③ 사건을 구성할 때 '발단 - 전개 - 절정 - 결말'의 흐름으로 쓴다.

ㄱ 발단 : 사건이 시작하는 단계

ㄴ 전개 : 인물과 사건을 차례로 펼쳐 나가는 단계

ㄷ 절정 : 인물의 갈등과 사건이 최고조에 이르는 흥미진진한 단계

ㄹ 결말 : 인물의 갈등과 사건이 해결되어 이야기를 마무리하는 단계

(4) 촌극 공연하기

4 기행문

(1) 기행문의 뜻

기행문은 여행한 경험을 쓴 글이다.

(2) 기행문의 특성

① 여정, 견문, 감상이 나타나 있다.

　　㉠ 여정 : 여행한 시간과 장소의 차례

　　㉡ 견문 : 글쓴이가 보거나 들은 것

　　㉢ 감상 : 글쓴이의 생각이나 느낌

② 일기, 편지, 시, 기록문 등 다양한 형식으로 쓸 수 있다.

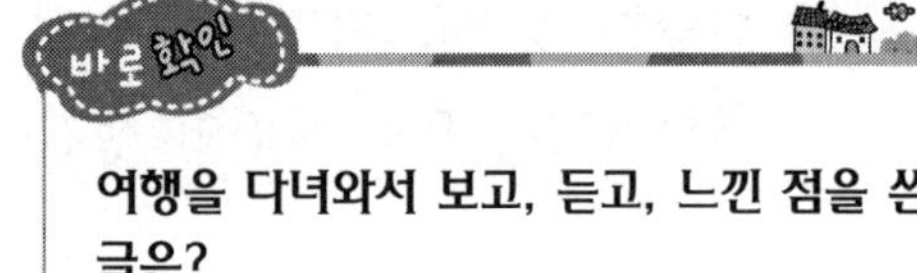

(3) 기행문의 짜임

① 처음 : 여행 동기, 설레는 마음 등

② 가운데 : 여정, 견문, 감상

③ 끝 : 여행을 마치고 난 뒤의 전체적인 감상

(4) 기행문을 쓰는 방법

① 기행문을 쓸 때에는 여정, 견문, 감상이 잘 나타나게 써야 한다.

② 여정과 견문이 잘 나타나게 쓰기 위해서는 여행한 시간과 장소, 보거나 들은 것 등을 쓰고, 보고 들은 내용을 사실적이고 구체적으로 쓴다.

③ 여행한 곳의 감상과 여행을 마치고 난 뒤의 전체적인 감상을 쓴다.

5 편 지

(1) 편지의 뜻

편지는 상대방에게 전하고 싶은 말을 적어 보내는 글로, 친구나 웃어른에게 소식을 전할 때 가장 자세하게 표현할 수 있는 글이다.

(2) 편지의 짜임과 내용

> ① 할머니께
>
> ② 할머니, 안녕하세요? 건강은 어떠세요?
>
>   보내 주신 딸기는 잘 받았어요. 조금 전에 아버지, 어머니와 함께 딸기를 먹었는데 참 맛있었어요. 고맙습니다.
>
>   ③ 이렇게 편지를 쓰니 딸기 농사를 짓기 위하여 고생하시는 할머니 모습이 떠올라 마음이 아파요. 또 할머니가 더 보고 싶어요. 여름 방학이 되면 할머니께 달려갈게요.
>
>   ④ 할머니, 안녕히 계세요.
>
>   ⑤ 20○○년 ○○월 ○○일
>
>   ⑥ 예린 올림

① 받을 사람 : 편지를 받을 사람의 이름을 쓴다.

② 첫인사 : 안부를 묻는 말을 쓴다.

③ 전하고 싶은 말 : 편지를 쓰는 목적이나 까닭을 쓴다.

④ 끝인사 : 편지를 끝맺는 말을 쓴다.

⑤ 쓴 날짜 : 편지를 쓴 날짜를 쓴다.

⑥ 쓴 사람 : 편지를 쓴 사람의 이름을 쓴다.

(3) 편지 봉투 쓰는 법

<table>
<tr><td>보내는 사람 김정훈 올림
서울특별시 중구 인현동2가 ○○번지
[1][0][0] - [2][8][2]</td><td>우표</td></tr>
<tr><td colspan="2" align="right">받는 사람 이보람 귀하
충청남도 대천시 신흑동 ○○번지
[3][5][5] - [1][5][0]</td></tr>
</table>

① 주소와 우편 번호를 정확히 쓴다.

② 보내는 사람을 위쪽에 쓰고, 받는 사람을 아래쪽에 쓴다.

③ 우표를 꼭 붙인다.

④ '이보람 선생님 귀하', '이보람 님 귀하'처럼 존칭을 두 번 쓰지 않는다.

(4) 편지를 쓰면 좋은 점

① 감사, 축하, 사과하는 마음을 전할 수 있다.

② 직접 만나지 않고도 내 마음을 글로 전할 수 있다.

(5) 웃어른께 편지를 쓸 때 알맞은 표현 방법

웃어른께 편지를 쓸 때에는 높임말을 사용하여야 한다.

① 받는 사람 예 고마운 부모님께, 존경하는 부모님께

② 첫인사 : 받을 사람의 안부를 물어보거나 자기의 안부를 간단히 쓴다. 예 안녕하세요? 건강은 어떠세요? 저희를 키우시느라고 무척 힘드시지요?

③ 끝인사 : 끝인사는 공손하게 쓴다.

예 늘 저희를 위하여 애쓰시는 부모님, 하늘만큼 땅만큼 사랑해요. 안녕히 계세요.

④ 쓴 사람 : 이름 다음에 '올림, 드림' 등을 쓴다.

   예 김정훈 올림, 부모님의 자랑스러운 아들 정훈 올림

(6) 편지를 쓸 때 주의할 점

① 진실한 마음이 드러나게 쓴다.

② 받을 사람, 첫인사, 전하고 싶은 말, 끝인사, 쓴 날짜, 쓴 사람을 분명히 밝힌다.

③ 예의에 맞는 어투로 글씨를 바르게 쓴다.

④ 하고 싶은 말이나 내용을 충실하게 쓴다.

⑤ 편지지와 편지 봉투는 깨끗한 것으로 사용한다.

일기 쓰는 요령

1. 글감은 한 가지를 잡아서 쓴다.
2. 자세하고 정직하게 쓴다.
3. 느낌이나 생각을 많이 쓴다.
4. 글머리를 자연스럽게 쓴다.
5. '나는', '오늘'과 같은 말은 쓰지 않는다.
6. 대화체로 쓴다.
7. 일기의 처음에 날짜, 요일, 날씨를 써서 어느 날의 일기인지 알도록 한다.
8. 일기는 하루 생활의 반성이기 때문에 하루를 지내고 잠자기 전에 쓴다.

6 독서 감상문

(1) 독서 감상문의 뜻

독서 감상문이란 책을 읽고 나서 자기의 마음속에 생각하고 느낀 것을 글로 쓴 것을 말한다. 독후감이라고도 한다.

(2) 독서 감상문을 쓰는 이유

① 책의 내용을 오래 간직할 수 있다.

② 등장인물의 좋은 점을 본받게 되고 자기의 행동을 바로잡게 된다.

③ 책의 내용을 충분히 이해할 수 있다.

④ 글짓기하는 능력을 길러 준다.

(3) 독서 감상문을 쓰는 방법

① 독서 감상문의 제목을 붙인다.

② 독서 감상문의 형식을 정한다.

　예 일기, 편지, 시, 독후감

③ 이야기에 대하여 간단히 소개한다.

④ 기억에 남는 인물의 말이나 행동, 인물에게 하고 싶은 말, 기억에 남는 장면을 바탕으로 생각이나 느낌을 쓴다.

⑤ 글이 완성된 후에는 다듬는 과정을 거친다.

> **바로 확인**
>
> **다음 글의 종류는?**
>
> "홍길동전"을 읽었다. 홍길동은 도술을 잘 부려서 하늘을 날고 비바람을 일으키며 변신도 잘하였다.
> 　그중에서 여덟 개의 허수아비로 조화를 부리는 장면이 가장 기억에 남았다.
>
> ① 일기　　　　② 편지
> ③ 신문기사　　❹ 독서 감상문
>
> ☙ '홍길동전'이라는 책을 읽고 그 감상을 적은 내용이므로 독서 감상문이 알맞다.

(4) 독서 감상문을 고쳐 쓸 때 생각할 점

① 제목은 알맞은가요?

② 기억에 남는 장면을 잘 썼나요?

③ 글의 목적에 맞게 썼나요?

④ 꾸며 주는 말을 알맞게 넣었나요?

⑤ 맞춤법이 틀렸거나 어색한 부분이 있나요?

7 기사문

(1) 기사문의 목적

기사문은 읽는 이에게 유익하면서도 정확한 정보를 전달하는 것을 목적으로 한다. 따라서 읽는 이에게 내용을 정확하게 전달하기 위해서는 육하원칙에 따라 글을 써야 한다.

(2) 기사문의 특성

들어가는 내용	역 할
제목	• 기사문의 내용을 나타낸다. • 읽는 이의 관심을 끌게 한다.
본문	• 일어난 사실을 알려 준다. • 중요한 내용을 자세하고 알기 쉽게 나타낸다.
사진, 그림, 도표	• 기사문의 내용을 좀 더 쉽게 이해할 수 있도록 도와준다. • 기사문의 내용을 생생하게 전달할 수 있다.

(3) 기사문을 잘 쓰는 방법

① 기사문의 내용에 어울리게 제목을 붙인다.

② 내용을 정확하게 전달하기 위해 육하원칙에 따라 쓴다.

> 🪴 육하원칙은 '누가, 언제, 어디에서, 무엇을, 어떻게, 왜'의 내용을 말한다. 육하원칙의 물음에 대답을 하며 기사문을 쓰면 일어난 일을 체계적으로 정리할 수 있다.

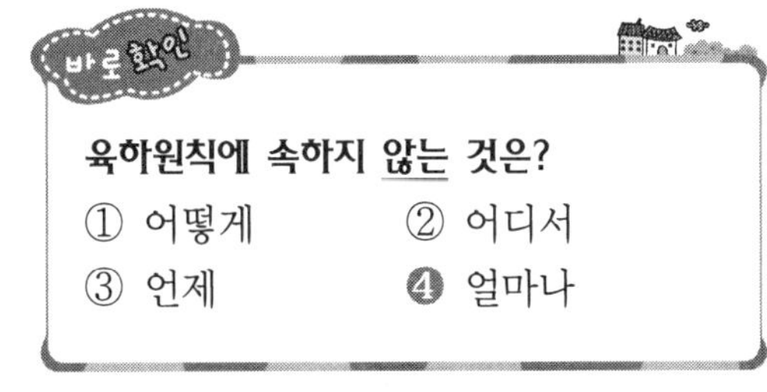

③ 자료를 수집하여 사진, 그림, 도표를 적절히 배치한다.

(4) 기사문이 갖추어야 할 조건

① 사실성 : 자료를 조사하여 정확한 내용을 쓴다.

② 체계성 : 육하원칙에 따라 자세하고 체계적으로 쓴다.

③ 간결성 : 문장을 간결하게 쓴다.

(5) 기사문을 쓸 때에 주의할 점

① 다른 사람에게 알릴만한 가치가 있는 것을 쓴다.

② 요즈음 일어난 일 중에서 읽는 이의 관심을 끌 만한 내용을 쓴다.

③ 정확한 사실을 바탕으로 쓴다.

④ 문장은 읽는 이가 이해하기 쉽게 간결하게 쓴다.

⑤ 다른 사람의 창작물을 이용할 때에는 저작권을 침해하지 않도록 주의한다.

🌵 저작권은 저작물에 대한 권리를 말한다. 저작권은 저작물을 만든 사람이 자신의 저작물을 이용하거나 다른 사람의 이용을 허락할 수 있는 권리이므로, 다른 사람의 저작물을 이용할 때에는 저작권을 가진 사람에게 허락을 받거나 이용료를 내야 한다.

8 연설문

(1) 연설문의 뜻

여러 사람 앞에서 내 생각을 말하기 위하여 쓴 글을 연설문이라고 한다.

(2) 연설이 필요한 경우

① 자신을 뽑아 달라고 하는 경우　예 전교 어린이 회장 선거에서 자신을 뽑아 달라고 할 때

② 자신의 의견을 펼쳐 다른 사람을 설득하는 경우　예 마음을 울리는 책 한 권을 골라 여러 번 읽어 보라며 다른 사람을 설득할 때

③ 그 밖의 경우　예 대통령 취임식에서 국민들에게 취임 인사를 할 때

(3) 연설문의 특징

① 처음 부분에는 듣는 이의 관심을 끄는 말을 쓴다.

② 듣는 이가 이해하기 쉽게 문장이나 낱말을 여러 번 반복하여 써도 좋다.

③ 연설문의 목적은 연설을 통하여 듣는 이를 설득하기 위함이다.

④ 여러 사람 앞에서 말하기 위한 것이므로 높임말을 쓴다.

⑤ 듣는 이의 특징과 연설 시간을 생각하여 쓴다.

⑥ 끝 부분은 듣는 이의 변화를 이끌어 내기 위해 희망적인 마무리를 한다.

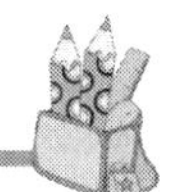

(4) 문제와 해결의 짜임으로 연설문을 쓰는 방법

① 처음 : 듣는 이의 관심을 끄는 내용 쓰기

② 가운데 : 해결하여야 할 문제 쓰기, 문제에 대한 해결 방법 쓰기

③ 끝 : 듣는 이가 행동하도록 요구하는 내용 쓰기

문제와 해결의 짜임 중요

1. 문제에 대한 여러 원인이나 현상 등을 제시한 후 그 해결 방안을 제시하는 짜임

2. **문제와 해결의 짜임으로 글을 쓰는 방법**
   - 문제가 무엇인지 알아본다.
   - 문제를 해결하여야 하는 필요성을 제시한다.
   - 문제의 원인과 해결 방안을 쓴다. 해결 방안을 제시할 때에는 알맞은 근거를 들어야 한다.
   - 해결 방안들 중 가장 합리적인 주장을 최종적으로 강조하여 쓴다.

3. **교과서 예**

문 제	해결 방안
화재가 발생하면 문제가 크다.	• 집집마다 누전 차단기를 설치한다. • 가스나 석유를 이용할 때에는 반드시 안전 수칙을 지킨다. • 아무리 작은 불이라도 신중하게 다룬다.
일회용품 사용으로 인해 환경오염이 심각하다.	• 일회용품 사용을 최대한 줄인다. • 일회용품을 분리수거하여 재활용할 수 있는 방안을 찾는다. • 썩지 않는 비닐 대신 시장바구니를 이용한다.
요즈음 들어 가족 간의 유대감이 약해져 많은 가정이 병들어 가고 있다.	• 가족 간에 서로 믿고 사랑하고 이해한다. • 건강한 가정을 만들기 위해 가족 구성원 모두가 노력한다. • 가족이 함께 대화하는 시간을 자주 갖는다.
사람들 앞에서 말을 하는 것이 너무 힘들다.	• 미리 발표할 내용을 써서 큰 소리로 정확하게 말하는 연습을 한다. • 연극 연습을 통해 발표 연습을 한다. • 거울 앞에서 말하는 연습을 한다. • 발표할 내용을 미리 준비하여 말한다.

(5) 연설을 들을 때의 자세

① 연설을 들을 때에는 연설하는 사람의 주장이 무엇인지 생각하며 듣는다.

② 문제와 해결 방법이 알맞은지 생각하며 듣는다.

③ 좋은 의견에 대해서는 적절히 반응하며 듣는다.

9 제안하는 글

(1) 제안하는 글의 뜻

제안하는 글이란 어떤 일을 더 좋은 쪽으로 해결하기 위한 의견을 쓴 글을 말한다.

> 제안 : 어떤 일이 일어났을 때 더 좋은 쪽으로 해결하기 위하여 의견을 내는 것

(2) 제안하는 글을 쓰는 과정

짜 임	알맞은 표현 방법
제 목	제안을 바탕으로 하여 쓴다.
문제 상황	문제 상황은 구체적으로 쓴다.
제 안	제안을 쓸 때에는 '~합시다.', '~하면 좋겠습니다.', '~하면 어떨까요?'를 사용한다.
까 닭	까닭을 쓸 때에는 '왜냐하면', '그 까닭은', '~때문입니다.'를 사용한다.

(3) 제안하는 글을 잘 쓰는 방법

① 문제 상황을 구체적으로 쓴다.

② 제안과 까닭을 분명하게 쓴다.

③ 제안과 까닭에 알맞은 표현 방법을 사용한다.

(4) 제안하는 글을 쓰면 좋은 점

① 그 문제에 대하여 사람들이 관심을 가지게 한다.

② 더 좋은 방향으로 문제를 해결할 수 있다.

(5) 토의한 내용을 바탕으로 제안하는 글 쓰기

일상생활에서 바꾸거나 고쳤으면 하는 일은 여러 사람이 함께 토의하고 제안하는 글을 쓰면 문제를 해결할 수 있다.

토의하기 전	토의의 주제를 정하고 자신의 입장을 정리한다.
토의하기	토의 주제 소개하기 → 의견 나누기 → 의견 모의기 → 의견 정하기
제안하는 글 쓰기	토의한 내용을 바탕으로 '제목 → 문제 → 제안 → 까닭'의 짜임으로 생각을 정리한다.
제안하는 글을 고쳐 쓰기	제안하는 글을 고쳐 쓸 때 고려할 사항 • 글에 어울리는 제목을 썼는가? • 문제점이 잘 드러나게 썼는가? • 제안과 까닭을 자세히 썼는가?

 주장하는 글

(1) 주장하는 글의 뜻

주장하는 글은 어떤 사실이나 문제에 대하여 자신의 주장이 옳음을 설득하는 글이다.

(2) 적절한 근거를 들어 주장하는 글 쓰기

① 문제의 쟁점을 파악한다.

② 다른 사람의 의견에 대한 내 입장(찬성 혹은 반대)을 정한다.

③ 내 의견과 의견을 뒷받침하는 근거를 제시한다.

    ㉠ 찬성하는 경우 : 그 의견을 뒷받침하여 주는 근거 제시

    ㉡ 반대하는 경우 : 내 의견을 뒷받침하는 근거 제시

④ 처음, 가운데, 끝으로 나누어 들어갈 내용을 정리한다.

    ㉠ 처음 : 다른 사람의 의견에 대한 내 주장

    ㉡ 가운데 : 내 주장에 대한 근거

    ㉢ 끝 : 내 주장에 대한 강조

🪴 주장을 나타낼 때에는 '~하자, ~하면 좋겠다, ~하면 어떨까?' 등의 표현을 쓴다.

(3) 주장에 대한 근거를 뒷받침하는 방법

어떤 문제에 대하여 찬성하거나 반대하는 입장을 밝혀야 할 때가 있다. 이때, 내 입장에 대한 근거를 들어야 한다.

① 주장을 하는 까닭이나 근거를 생각해 본다.

② 자료 조사를 통하여 근거를 마련한다.

다음 주장의 근거로 가장 좋은 것은?

주장 : 컴퓨터는 우리에게 이롭다.

① 공부에 지장이 있다.
❷ 필요한 정보를 빨리 얻을 수 있다.
③ 컴퓨터 게임에 중독된다.
④ 컴퓨터를 많이 하면 눈이 나빠질 수 있다.

(4) 의견을 나타내는 글을 쓸 때에 주의할 점

① 내 의견을 분명히 정하여 알기 쉽게 나타낸다.

② 의견에 대한 적절한 까닭이나 근거를 든다. 그 까닭은 누구나 이해하고 공감할 수 있어야 한다.

🪴 의견이란 어떤 일에 대한 생각을 말한다.

11 사과 · 축하 · 추천하는 글

(1) 사과하는 글

① 사과하는 글 쓰는 방법

㉠ 상대방의 마음을 헤아려 쓴다.

㉡ 내가 잘못한 것과 후회하는 내용을 쓴다.

㉢ 내가 잘못한 행동을 하게 된 까닭을 설명한다.

㉣ 사과하는 마음이 느껴지도록 쓴다.

㉤ 웃어른께 쓸 때에는 높임말을 사용하고 예의 바르게 쓴다.

② 사과하는 글에 들어가야 할 내용 : 사과 받는 사람, 사과하는 내용, 잘못한 까닭, 상대방을 헤아리는 내용, 사과하는 사람

(2) 축하하는 글

① 축하하는 글의 뜻 : 축하하는 글은 다른 사람에게 축하하는 마음을 담아 전하는 글이다.

② 축하하는 글이 필요한 경우

㉠ 학교에 입학하거나 졸업하였을 때

㉡ 동생이 목표로 세운 횟수만큼 줄 넘기를 하였을 때

③ 축하하는 글의 짜임

㉠ 처음 : 축하받을 사람, 첫인사

㉡ 가운데 : 축하할 일, 축하하는 말, 축하하는 까닭, 바라는 점

㉢ 끝 : 끝인사, 쓴 날짜, 축하하는 사람

④ 축하하는 글을 쓸 때에 주의할 점

㉠ 축하하고 싶은 일을 자세히 쓴다.

㉡ 축하하는 까닭과 내 마음을 잘 나타낸다.

㉢ 읽는 이의 마음을 고려하여 쓴다.

축하하는 글이 필요한 경우는?
① 병문안을 갔을 때
❷ 친구가 시험에 합격했을 때
③ 동생이 넘어져서 다쳤을 때
④ 동화책을 사러 서점에 갔을 때

(3) 추천하는 글

① 추천하는 글의 뜻 : 추천하는 글은 어떠한 일에 알맞은 사람이나 물건을 소개하는 글이다.

② 추천하는 글 쓰는 방법

　㉠ 추천 목적에 알맞은 사람을 선정하여 추천하는 사람과 추천받는 사람이 잘 나타나게 쓴다.

　㉡ 추천하는 사람의 생각이나 느낌이 잘 드러나게 쓴다.

　㉢ 추천할 만한 행동이 잘 나타나도록 사실대로 쓴다.

소개하는 글 쓰기

1. 소개하는 글은 아직 잘 알려지지 않은 것의 내용을 설명하여 알리는 글로, 길 안내하기, 사람이나 사물 소개하기 등이 있다.
2. 확실한 자료를 바탕으로 소개할 내용을 자세히 설명하고 문장은 너무 길지 않게 쓴다.
3. 꾸미는 말을 너무 많이 쓰지 말고, 사실을 자연스럽게 쓴다.

⑫ 생활문

(1) 생활문의 뜻

우리의 생활 주변에서 흔히 일어나는 일들을 잘 관찰하여 거기에서 발견된 주제나 의미에 따라 생각과 느낌을 더해 쓰는 글을 말한다.

(2) 생활문의 글감

생활하면서 보고 듣고 느끼고 생각한 것들로 기뻤던 일, 슬펐던 일, 즐거웠던 일, 자랑스러웠던 일, 괴로웠던 일 등을 들 수 있다.

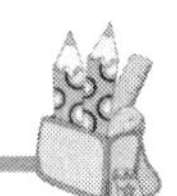

(3) 생활문을 쓰는 방법

① 적당한 대화글을 넣어 쓴다.

② 생각과 느낌을 곁들여 쓴다.

③ 사건 중심으로 쓴다.

④ 자세히 쓴다.

⑤ 자신의 체험을 솔직하게 쓴다.

13 관찰 기록문

(1) 관찰 기록문의 뜻

관찰 기록문은 여러 가지 사물이나 현상 등을 자세하게 관찰하여 관찰한 사실을 중심으로 그 모양이나 특징을 기록한 글이다.

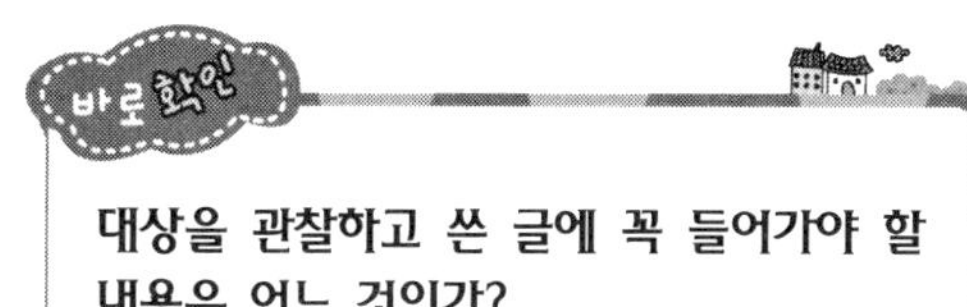

(2) 관찰 기록문 쓰는 순서

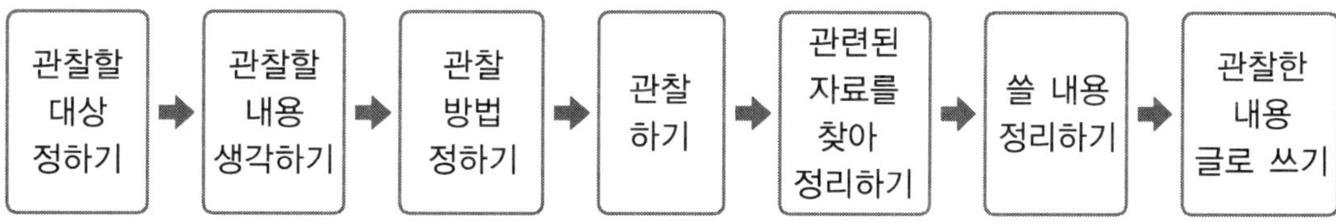

더 알아두기

기록문

1. **기록문의 뜻** : 기록문은 어떤 사항을 관찰, 조사, 연구한 것을 세밀하고 정확하게 쓴 글이다.

2. **기록문의 종류**

견학 기록문	전시관, 방송국, 산업 시설 등을 견학한 후 쓴 글
관찰 기록문	대상을 정해진 기간 동안 관찰한 후 변화한 내용을 쓴 글
조사 기록문	어떤 대상에 대하여 조사하고, 조사한 목적, 내용, 방법, 결과 등을 쓴 글
생활(행사) 기록문	학예회, 운동회 등의 계획과 성과를 쓴 글 → 생활 속에서 일어나는 상황을 사실적이고 객관적으로 정확하게 쓰는 글이기 때문에 하는 일이나 변화하는 과정을 순서대로 써야 한다.
감상 기록문	책, 영화 등을 본 후 느낌을 쓴 글

14 조사한 내용을 글로 쓰기

(1) 여러 가지 매체에서 정보를 조사할 때에 주의할 점

① 어떤 목적으로 사용할 정보인지 정확히 파악한다.

② 조사하려는 정보의 범위를 구체적으로 정한다.

③ 여러 가지 매체에서 자료를 조사하여 정확한 정보를 찾는다.

④ 사진이나 그림 자료를 유심히 살펴본다.

(2) 분류의 특징

① 분류는 여러 가지 대상을 나누어 설명하는 방법이다.

② 분류를 잘 하기 위해서는 알맞은 기준을 정하여야 한다. **예** 색깔에 따라, 모양에 따라, 사용 방법에 따라 등

악기를 소리를 내는 방법에 따라 분류하기

- 현악기 : 가야금, 거문고, 바이올린, 첼로, 비올라 등
- 관악기 : 태평소, 피리, 대금, 소금, 플루트 등
- 타악기 : 탬버린, 북, 장구, 박 등

---

③ 기준을 정하고 대상을 분류하여 글을 쓰면 내용을 체계적으로 정리할 수 있고, 읽는 이가 이해하기 쉽다.

(3) 조사한 내용을 분류하여 요약하는 글을 쓰는 방법

글을 쓰는 목적에 알맞게 필요한 내용만 짧게 요약하여 쓴다.

① 처음 : 읽는 이의 관심을 끌 수 있는 내용을 골라 중요한 내용을 간추려 쓴다.

② 가운데 : 분류 기준을 정하고 대상을 분류하여 쓴다. 각각의 분류 대상의 특징을 요약하여 쓴다.

③ 끝 : 주요 내용을 간단히 쓰고, 자신의 의견이나 생각으로 마무리한다.

분 석

1. **분석의 뜻** : 분석이란 전체를 여러 부분으로 나누어 설명하는 방법이다.

2. **내용을 분석하는 방법**
   - 대상을 항목에 따라 분석하여 정리하는 방법　예 태극기에 담긴 뜻, 아프리카 코끼리의 얼굴 모양, 제주도의 옛날 대문 등
   - 일의 순서에 따라 분석하여 정리하는 방법　예 라면 볶음을 만드는 방법, 떡볶이를 만드는 방법, 문집을 만드는 방법 등

기본 다지기 문제

01 독서 감상문을 쓰는 방법으로 알맞지 <u>않은</u> 것은?

① 기억에 남는 장면을 쓴다.

② 꾸며 주는 말을 넣어 실감 나게 쓴다.

③ 인물의 행동에 대한 생각이나 느낌을 쓴다.

④ 이야기에 대하여 자세히 소개하고 생각은 쓰지 않는다.

해설
이야기의 내용은 간단히 소개하고 이야기에 대한 생각이나 느낌은 자세히 쓴다.

02 동시 쓰기에서 제일 먼저 생각해야 할 것은?

① 글감

② 느낌

③ 행과 연

④ 중심 생각

03 다음 중 비유적 표현을 사용한 문장이 <u>아닌</u> 것은?

① 호랑이처럼 무서운 선생님　　② 화살처럼 빠른 세월

③ 푸른 하늘 흰구름　　④ 쏜살같이 달리는 자동차

①, ②, ④ 직유법

04 다음과 같은 글을 쓰는 목적은?

〈평양 학생 예술단 공연〉

　평양 학생 예술단이 2000년 5월 26일 오후 7시에 예술의 전당 오페라 하우스에서 공연을 하였다. 이 공연은 남북한의 화합을 위하여 추진되었다.

　"먼 곳으로만 알았던 남녘 땅이 이렇게 가까운 줄은 몰랐습니다."라는 이향미 학생의 개막 인사로 공연이 시작되었다.

① 사실을 전달하려고

② 다른 사람을 설득하려고

③ 글쓴이의 감정을 전달하려고

④ 하루의 일을 반성하고 새로운 계획을 세우려고

이 글은 평양 학생 예술단 공연이 있었던 사실을 전달하려고 쓴 글이다.

05 웃어른께 보내는 편지에 맞게 쓴 것은?

① 철수가　　② 철수 올림

③ 철수 씀　　④ 철수가 보냄

웃어른께 편지를 쓸 때에는 이름 다음에 '올림, 드림' 등을 쓴다.

06 '집단 따돌림을 해결할 수 있는 방안'에 대한 주장으로 적당하지 <u>않은</u> 것은?

① 수진 – 친구를 배려하는 마음을 가져야 한다.

② 홍기 – 잘난 체하는 친구는 피해야 한다.

③ 지오 – 단정하고 청결한 복장으로 다녀야 한다.

④ 지혜 – 친구를 생각해 주고 도와야 한다.

잘난 척하는 친구에게 모든 친구들이 전부 소중하고, 저마다 장점이 있다는 것을 이야기해 준다.

기출

다음의 문제를 해결할 수 있는 방법이 <u>아닌</u> 것은?

> 불 때문에 큰 피해를 보고 있다.

❶ 전기장판을 늘 켜 둔다.
② 집집마다 누전 차단기를 설치한다.
③ 담배꽁초를 아무 데나 버리지 않는다.
④ 가스를 이용할 때는 안전 수칙을 지킨다.

☞ 전기장판을 늘 켜 두면 전기료도 많이 나오고 화재가 발생할 수도 있다.

07 다음 중 이야기의 구성 요소가 <u>아닌</u> 것은?

① 인물 　② 감상

③ 사건 　④ 배경

이야기의 구성 요소 : 인물, 사건, 배경

기출

다음 글에서 시간적 배경을 알 수 있는 부분은?

> ㉠밖으로 나가자, 찬 기운이 몸 안으로 ㉡확 파고들었다. 나는 가로등이 켜진 ㉢골목길을 나와 큰길로 나섰다. 사람들이 다니지 않는 ㉣새벽길을 걷는다 생각하니 두려움이 밀려왔다.

① ㉠ 　② ㉡

③ ㉢ 　❹ ㉣

☞ ㉣ 새벽은 먼동이 틀 무렵으로 시간적 배경을 알 수 있다.

08 다음 '주장하는 글'의 근거로 거리가 <u>먼</u> 것은?

> 옷을 단정하게 입어야 한다.

① 예의를 지킬 수 있기 때문이다.

② 옷이 많다고 자랑할 수 있기 때문이다.

③ 바른 몸가짐의 바탕이 되기 때문이다.

④ 주위 사람들에게 좋은 인상을 주기 때문이다.

옷을 단정하게 입어야 하는 이유는 몸가짐의 바탕이 되기 때문이며, 그로 인하여 다른 사람에게 좋은 인상을 주기 때문이다.

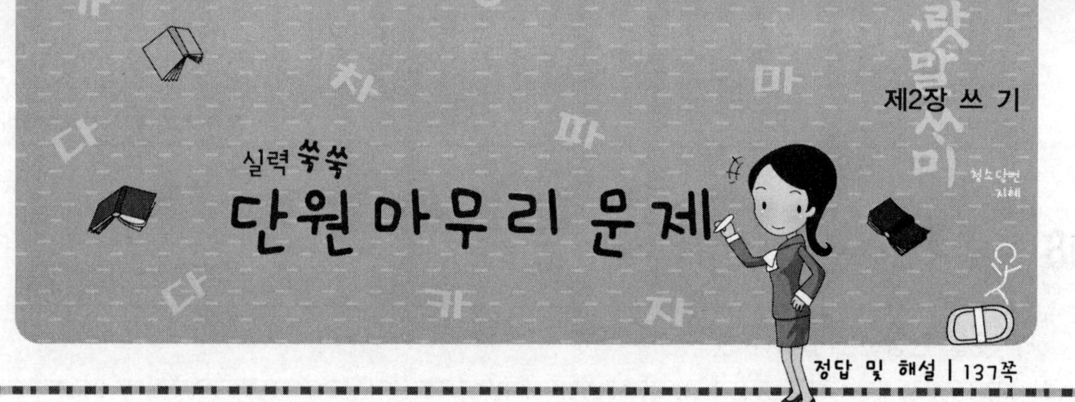

01 다음의 밑줄 친 '방어'와 반대되는 뜻을 가진 말은?

> 읍성은 주민의 주거 지역인 평지에 설치되어 외부의 침입으로부터 지역을 <u>방어</u>하는 기능을 하였다.

① 침입
② 설치
③ 주거
④ 생활

02 동시 쓰기를 잘못 설명한 것은?

① 같은 말이 되풀이되는 일은 없다.
② 생각이나 느낌이 바뀔 때 연을 나눈다.
③ 알맞은 비유를 사용한다.
④ 리듬이 살아 있게 쓴다.

03 글자의 모양이 '◇' 꼴로 된 글자가 <u>아닌</u> 것은?

① 웃
② 송
③ 무
④ 자

◀ 1절 낱말과 문장 ▶

04 친구와 다정하게 이야기를 나누는 모습을 나타낸 말은?

① 두근두근   ② 오순도순

③ 흘깃흘깃   ④ 싱글벙글

◀ 2절 바르게 쓰기 ▶

05 다음을 원고지에 쓸 때 바르게 쓴 것은?

> "시장에 갔는데……."

① `"` `시` `장` `에` ` ` `갔` `는` `데` `…` `…` `.` `"`

② `"` `시` `장` `에` ` ` `갔` `는` `데` `…` `…` `.` ` ` `"`

③ `"` `시` `장` `에` ` ` `갔` `는` `데` `…` `…` `.` `"`

④ ` ` `"` `시` `장` `에` ` ` `갔` `는` `데` `…` `…` `.` ` ` `"`

◀ 3절 여러 종류의 글 쓰기 ▶

06 관찰 기록문이란 어떤 글인가?

① 자세히 관찰하고 살펴본 것과 느끼고 생각한 것을 쓴 글이다.

② 어떤 곳을 견학한 다음에 보고, 듣고, 느낀 것을 기록한 글이다.

③ 식물이나 동물을 관찰한 내용만을 그대로 쓴 글이다.

④ 관찰한 내용을 남에게서 듣고 쓴 글이다.

◀ 2절 바르게 쓰기 ▶

07 원고지 쓰는 방법을 <u>잘못</u> 말한 것은?

① 물음표나 느낌표는 한 칸을 차지한다.

② 따옴표가 들어간 글을 쓸 때에는 첫 칸을 비우고 둘째 칸에 쓴다.

③ 제목은 첫째 줄 가운데에 쓴다.

④ 글의 첫 문장을 쓸 때에는 한 줄을 비우고 쓴다.

◀ 1절 낱말과 문장 ▶

08 다음에서 □는 무슨 뜻으로 비워 놓은 것인가?

> □시장은 많은 사람들로 붐빈다. 물건을 파는 사람들이 많다. 물건을 사는 사람들도 많다. 물건을 나르는 사람들도 눈에 뜨인다.

① 새로운 문단이 시작된다.

② 보기에 좋으니까 비워 두었다.

③ 원고지 쓸 때 그렇게 하니까 비워 둔다.

④ 빠진 말을 넣기 위해 비워 둔다.

◀ 3절 여러 종류의 글 쓰기 ▶

09 다음 글에서 '하늘'을 무엇이라고 하였는가?

> 하늘은 바다,
> 끝없이 넓고 푸른 바다.
>
> 구름은 조각배.
>
> 바람이 사공 되어
> 노를 젓는다.

① 조각배

② 사공

③ 바다

④ 노

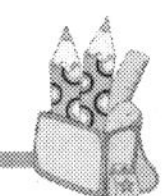

◀ 1절 낱말과 문장 ▶

10 다음 문장 중 그 성격이 <u>다른</u> 것은?

① 나무를 잘 가꾸자.　　② 개를 때리지 말자.

③ 질서를 지켜서 줄넘기를 하자.　　④ 나무는 우리에게 이로움을 준다.

◀ 2절 바르게 쓰기 ▶

11 다음 중 맞춤법에 <u>어긋난</u> 것은?

① 차츰　　② 바깥

③ 맞추다　　④ 네째

◀ 1절 낱말과 문장 ▶

12 다음 글에 어울리는 속담은?

> 동생 흥부가 부자가 되었다는 소식을 들은 놀부는 샘이 났습니다.

① 병 주고 약 준다.　　② 사촌이 땅을 사면 배가 아프다.

③ 호박이 넝쿨째로 굴러 떨어졌다.　　④ 콩 심은 데 콩 나고, 팥 심은 데 팥 난다.

◀ 3절 여러 종류의 글 쓰기 ▶

13 생활 속에서 직접 보고, 듣고, 겪은 일을 쓴 글을 무엇이라 하는가?

① 논설문　　② 설명문

③ 기록문　　④ 생활문

◀1절 낱말과 문장▶

14 다음 중에서 숨은 뜻을 바르게 나타낸 것은?

① 눈에 밟히다 → 하얀 눈이 내린다.

② 미역국 먹다 → 건강을 위한다.

③ 비행기를 태우다 → 남을 치켜세운다.

④ 코가 높다 → 수술을 해야 한다.

◀2절 바르게 쓰기▶

15 교정 기호 ⌐ 는 어느 경우에 쓰이는가?

① 줄을 바꿀 때 ② 띄어 쓸 때

③ 글자를 끼워 넣을 때 ④ 붙여 쓸 때

◀3절 여러 종류의 글 쓰기▶

16 다음은 생활문을 쓰는 방법이다. 그 차례가 맞게 배열된 것은?

> ㉠ 쓰고 싶은 글감을 고른다. ㉡ 순서를 정해서 개요를 짠다.
> ㉢ 쓸 내용을 생각나는 대로 적는다. ㉣ 개요에 따라 글을 쓴다.

① ㉠ - ㉡ - ㉢ - ㉣ ② ㉠ - ㉢ - ㉡ - ㉣

③ ㉢ - ㉠ - ㉡ - ㉣ ④ ㉢ - ㉡ - ㉠ - ㉣

◀1절 낱말과 문장▶

17 '좋은 일에는 흔히 나쁜 일이 들기 쉽다.'는 뜻을 지닌 말은?

① 호사다마 ② 사면초가

③ 새옹지마 ④ 일석이조

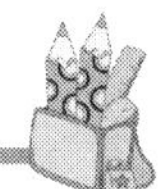

◀ 3절 여러 종류의 글 쓰기 ▶

18 지혜의 고민을 해결하는 방안으로 가장 알맞은 것은?

> 〈지혜의 고민〉
> 친구들 앞에서 발표하는 것이 너무 힘들다.

① 큰 소리로 발표하는 연습을 한다.

② 친구에게 대신 발표해 달라고 한다.

③ 발표할 내용을 써서 그대로 읽는다.

④ 선생님께 발표시키지 말아 달라고 부탁한다.

◀ 1절 낱말과 문장 ▶

19 다음 밑줄 친 말을 순우리말로 나타낸 것은?

> 이제 <u>4일</u>이 지났다.

① 사을   ② 사일

③ 사흘   ④ 나흘

◀ 3절 여러 종류의 글 쓰기 ▶

20 편지의 짜임 중 편지를 쓰게 된 까닭을 쓰는 부분은?

① 끝인사   ② 받을 사람

③ 전하고 싶은 말   ④ 첫인사

21 기사문을 쓸 때에 주의할 점으로 알맞지 <u>않은</u> 것은?

① 다른 사람에게 알릴만한 가치가 있는 것을 쓴다.

② 내가 관심이 있는 내용으로만 쓴다.

③ 정확한 자료를 바탕으로 사실대로 쓴다.

④ 내용을 이해하기 쉽게 문장을 간결하게 쓴다.

22 다음 중 외래어가 <u>아닌</u> 것은?

① 아버지 　　　　　　② 라디오

③ 뉴스 　　　　　　　④ 아파트

23 어떤 일을 더 좋은 쪽으로 해결하기 위한 의견을 쓴 글은 무엇인가?

① 제안하는 글 　　　② 기행문

③ 전기문 　　　　　　④ 기사문

24 다음 문장의 형식에 해당하는 것은?

> 새들이 즐겁게 노래한다.

① 무엇이 어떠하다 　　② 무엇이 어찌한다

③ 무엇이 무엇이다 　　④ 누가 무엇이다

◀ 3절 여러 종류의 글 쓰기 ▶

25 **축하하는 글을 쓸 때 주의할 점이 <u>아닌</u> 것은?**

① 축하하고 싶은 일을 자세히 쓴다.

② 읽는 이의 마음을 고려하여 쓴다.

③ 마음에 없는 말까지 사용하여 꾸며 쓴다.

④ 축하하는 까닭과 내 마음을 잘 나타낸다.

◀ 3절 여러 종류의 글 쓰기 ▶

26 **이야기를 희곡으로 바꾸어 쓰는 방법으로 알맞은 것은?**

① 인물에 대한 정보는 대사로 나타낸다.

② 인물의 표정은 해설로 나타낸다.

③ 배경에 대한 정보는 해설로 나타낸다.

④ 인물의 말은 " "(큰따옴표)로 나타낸다.

◀ 2절 바르게 쓰기 ▶

27 **다음 중 밑줄 친 말이 바른 것은?**

① 저 씨름 선수는 허벅지가 매우 <u>두껍다</u>.

② 내 동생은 연필을 <u>잊어버리고도</u> 찾지 않는다.

③ 우리 형은 어려운 수학 문제도 재미있게 <u>가리켜</u> 준다.

④ 우표가 떨어지지 않도록 풀로 단단히 봉투에 <u>붙였다</u>.

◀ 3절 여러 종류의 글 쓰기 ▶

28 **촌극 대본의 해설 부분에서 알려 주는 것이 <u>아닌</u> 것은?**

① 인물의 행동　　　　　　② 때와 곳

③ 등장인물　　　　　　　④ 장면의 바뀜

◀ 3절 여러 종류의 글 쓰기 ▶

29 기행문을 쓰는 방법으로 알맞지 <u>않은</u> 것은?

① 내용을 추상적으로 쓸수록 좋다.

② 읽는 이의 경험, 관심, 흥미 등을 고려하여 쓴다.

③ 여정, 견문, 감상이 잘 드러나게 쓴다.

④ 보고나 들은 내용을 사실적이고 구체적으로 쓴다.

◀ 1절 낱말과 문장 ▶

30 다음 글 속에 담긴 뜻은 무엇인가?

> • 말 한마디에 천 냥 빚을 갚는다.
> • 가는 말이 고와야 오는 말이 곱다.

① 효도　　　　　　　② 사랑

③ 친절　　　　　　　④ 의리

정답

01. ①	02. ①	03. ④	04. ②	05. ①	06. ①
07. ③	08. ①	09. ③	10. ④	11. ④	12. ②
13. ④	14. ③	15. ①	16. ②	17. ①	18. ①
19. ④	20. ③	21. ②	22. ①	23. ①	24. ②
25. ③	26. ③	27. ④	28. ①	29. ①	30. ③

01 ① 침입 ↔ 방어, ② 설치 ↔ 파괴

02 시는 같은 말, 같은 행이 되풀이되기도 한다.

03 ④ '◁' 꼴 글자

04 오순도순 : 의좋게 서로 이야기를 나누거나 지내는 모양

06 ② 견학 기록문

07 ③ 제목은 둘째 줄 가운데에 쓴다.

08 문단을 시작할 때에는 한 글자 들여쓰기를 한다.

09 하늘 → 바다, 구름 → 조각배, 바람 → 사공

10 ④ 풀이하는 문장   ①, ②, ③ 권유하는 문장

11 ④ 넷째

12 ② 남이 잘 되는 것을 보고 공연히 질투한다.
① 남을 해치고 나서 약을 주며 그를 구원하는 체한다.
③ 뜻밖에 좋은 물건을 얻거나 행운을 만난다.
④ 모든 일은 근본에 따라 거기에 걸맞은 결과가 나타난다.

14 ③ 비행기를 태우다 : 남을 높이 추어올려 주다.
① 눈에 밟히다 → 자꾸 눈에 떠오르다.
② 미역국 먹다 → 시험에 떨어지다.
④ 코가 높다 → 잘난 체하고 뽐내는 기세가 있다.

17 ① 좋은 일에는 흔히 방해되는 일이 많다.
② 아무에게도 도움을 받지 못하는 외롭고 곤란한 지경에 빠진 형편

③ 인생의 길흉화복은 변화가 많아서 예측하기가 어렵다.
④ 돌 한 개를 던져 새 두 마리를 잡는다. 동시에 두 가지 이득을 본다는 말

18 발표할 때에는 자신감 있게 큰소리로 요점을 정확하게 전달하는 것이 중요하므로 평상시 큰소리로 발표하는 연습이 필요하다.

19 4일 → 나흘, 3일 → 사흘

21 ② 많은 사람들이 관심을 가질 만한 내용을 정확히 조사하여 사실대로 써야 한다.

22 ① 고유어

24 새들이 즐겁게 노래한다.
무엇이   어찌한다

25 축하하는 글은 다른 사람에게 축하하는 마음을 담아 전하는 글이므로 마음에 없는 말까지 쓸 필요는 없다.

26 ① 인물과 배경은 해설로 나타낸다.
② 인물의 표정은 지문으로 나타낸다.
④ 인물의 말은 " "(큰따옴표) 없이 대사로 나타낸다.

27 ① 두껍다 → 굵다, ② 잊어버리고도 → 잃어버리고도, ③ 가리켜 → 가르쳐

28 지문 : 등장인물의 행동, 몸짓, 표정, 마음, 분위기, 장면 등은 괄호 안에 써서 지시한다.

29 기행문에서 보고 들은 내용은 과장하여 쓰기보다는 사실적이고 구체적으로 써야 한다.

30 내가 먼저 남에게 잘 대해 주어야 남도 나에게 잘 대해 준다는 말이다.
• 말 한마디에 천 냥 빚을 갚는다 : 말만 잘하면 어려운 일이나 불가능해 보이는 일도 해결할 수 있다.
• 가는 말이 고와야 오는 말이 곱다 : 내가 남에게 좋게 해야 남도 나에게 좋게 한다는 말

제2장 쓰 기

시험에 꼭 나오는 **핵심정리**

01 고유어 : 땅, 바지, 떡볶이, 오솔길, 아버지, 하늘, 바다, 돌다리 등 　71쪽

02 외래어 : 피자, 컴퓨터, 오디오, 버스, 인터넷, 라디오, 카메라 등 　71쪽

03 문장 성분 　73쪽

- <u>동생은</u>　<u>초등학생이다.</u>
  무엇이(주어)　무엇이다(서술어)

- <u>날씨가</u>　<u>따뜻하다.</u>
  무엇이(주어) 어떠하다(서술어)

- <u>말이</u>　<u>달린다.</u>
  무엇이(주어) 어찌한다(서술어)

- <u>민수가</u>　<u>밥을</u>　<u>먹는다.</u>
  무엇이(주어) 무엇을(목적어) 어찌한다(서술어)

04 문장의 종류 　75쪽

- 풀이하는 문장 : 내 동생 사진이야.
- 묻는 문장 : 내가 누군지 알아?
- 권유하는 문장 : 우리 함께 숙제하자.
- 시키는 문장 : 창문을 닫아라.
- 감탄을 나타내는 문장 : 하늘이 정말 아름답구나!

05 속 담 　81쪽

- 가는 말이 고와야 오는 말이 곱다
- 천 리 길도 한 걸음부터
- 사공이 많으면 배가 산으로 간다
- 우물에 가 숭늉 찾는다
- 낮말은 새가 듣고 밤말은 쥐가 듣는다

06 관용표현 : 발이 넓다 ➡ 아는 사람이 많다. 인간관계가 넓다. 　83쪽

07 글자의 모양 　90쪽

- ◁ 모양의 글자 : 이, 리, 다, 게
- ∧ 모양의 글자 : 소, 조, 으
- ◇ 모양의 글자 : 죽, 웃, 무, 속

08 교정 부호 　94쪽

∽(순서를 바꿀 때), ⌒(붙여 쓸 때), ∨(띄어 쓸 때), ⌐ (줄을 바꿀 때)

읽기

03장

03장

하루하루가 현명한 사람에게는 새로운 삶이다.
오늘은 절대로 다시 오지 않는다는 것을 기억하라!
– 단테 알리기에리

술술 풀리는
초등 국어

글의 종류에 따라 읽기 방법이 달라지는 까닭은 글을 쓰는 목적이 다르고, 글쓴이의 생각과 의도를 파악하는 방법이 다르기 때문이다. 글을 읽는 방법을 알고 글을 읽으면, 글의 내용을 더 쉽게 이해할 수 있다.

1 시

어떻게 읽을까?

1. 시의 특성을 생각하며 읽는다.
2. 시의 분위기와 느낌을 살려 읽는다.
3. 반복되는 표현을 살려 읽는다.
4. 인상적인 부분을 생각하며 읽는다.
5. 글쓴이가 자신의 생각이나 느낌을 어떻게 표현하였는지에 유의하며 읽는다.
6. 비유적 표현의 특성과 효과를 생각하며 읽는다.

(1) 시의 특성

① 시는 글쓴이가 마음으로 느끼는 감정을 노래하듯이 나타낸 글이다.

② 시는 함축적으로 표현되어 많은 뜻이 담겨 있다.

③ 시를 읽으면 운율이 느껴지고, 어떤 장면이 떠오른다.

(2) 시의 분위기를 살려 읽기 _{중요}

① 시의 분위기는 시를 읽으면 떠오르는 장면이나 느껴지는 기분을 통하여 알 수 있다. 시의 배경, 시의 감각적 표현, 글감에 대한 시인의 생각 등으로 표현된다.

> 🪴 감각적 표현이란 사물에서 받은 인상이나 느낌을 보거나 듣거나 만져 보는 것처럼 표현한 것이다. 시에서는 글쓴이가 받은 인상이나 느낌을 좀 더 실감나게 나타내기 위하여 감각적 표현을 자주 사용한다.

② 시에서 반복되는 말이나 비슷한 글자 수로 이루어진 행은 시의 리듬을 살려 노래하듯이 읽는다.

③ 시의 분위기가 살아나게 느낌을 살려 읽는다.

다음 시의 분위기로 어울리지 않는 것은?

> 땅뺏기를 하다가 쳐다본 하늘. 파란색 도화지 한 장.
>
> 금 그을 수 없는 하늘 속으로
>
> 야아 선생님 찬 공이 쏘옥 들어간다.
>
> 아이들도 선생님도 뛰어들어가는 푸른 하늘.

① 즐겁다   ❷ 슬프다
③ 재미있다   ④ 희망차다

🐾 높고 푸른 가을 하늘을 '파란색 도화지'에 비유하여 동화적으로 노래한 시이다.

(3) 반복되는 표현을 살려 읽기

① 반복되는 표현 : 같은 말이 되풀이되거나 글자 수가 일정하게 반복되는 부분

> 새는 새는 나무 자고
> 쥐는 쥐는 구멍 자고
> 소는 소는 마구 자고
> 닭은 닭은 홰에 자고

- 반복되는 말 : 새는, 자고, 쥐는, 소는, 닭은
- 네 글자씩 일정하게 반복된다.

② 시를 실감 나게 낭송하는 방법 : 시를 읽을 때에는 반복되는 표현을 살려 실감 나게 읽어야 한다.

㉠ 시에서 되풀이되는 말을 찾아본다.

㉡ 시에서 글자 수가 일정하게 반복되는 부분을 찾아본다.

ⓒ 글자 수가 반복되는 부분에서 끊어 읽을 때와 이어서 읽을 때의 느낌을 비교한다.

ⓔ 반복되는 표현을 살려 낭송하면 노래하는 느낌이 든다.

🪴 낭송 : 시의 느낌을 살려 소리 내어 읽는 것

시를 낭송할 때 주의할 점

1. 시의 내용과 분위기를 파악하여 낭송한다.
2. 글쓴이의 마음이 잘 드러나게 낭송한다.

(4) 인상적인 부분을 생각하며 읽기

인상적인 부분을 생각하며 시를 읽으면 더 재미있고 생생한 느낌이 든다.

① 인상적인 부분을 찾는 방법

ⓐ 시를 낭송하며 운율이 느껴지는 부분을 찾는다.

ⓑ 새롭게 비유한 표현, 재미있게 표현한 부분, 느낌이 생생하게 표현된 부분을 찾는다.

② 인상적인 부분의 효과

ⓐ 같은 낱말의 반복은 리듬을 느끼게 한다.

ⓑ 비유적 표현은 생각이나 느낌을 뚜렷하게 만들어 준다.

ⓒ 장면이나 행동을 선명하게 묘사하면 그림을 그리듯 생생한 느낌을 준다.

(5) 시에 대한 생각이나 느낌을 다른 사람과 비교하면 좋은 점

① 시에 대한 생각이나 느낌이 다르다는 것을 알 수 있다.

② 자신이 미처 생각하지 못했던 점을 알게 되어 시를 더 잘 이해할 수 있다.

🪴 시를 읽고 생각이나 느낌이 서로 다른 까닭은 읽는 이의 경험과 상상력이 서로 다르기 때문이다.

(6) 비유적 표현 중요

① 비유적 표현의 뜻 : 비유적 표현은 어떤 현상이나 사물을 직접 설명하지 않고 다른 비슷한 사물이나 현상에 빗대어 설명하는 것을 말한다.

② 비유적 표현의 종류

  ㉠ 직유법 : '~처럼', '~같이'라고 표현하는 방법  내가 채송화꽃처럼 조그마했을 때

  ㉡ 은유법 : '~은(는) ~이다.'라고 표현하는 방법  책은 마음의 양식이다.

③ 비유적 표현의 특성

  ㉠ 비유적 표현은 하나의 대상을 다른 대상에 빗대어 표현하기 때문에 두 대상 사이의 공통점을 찾을 수 있다.

  ㉡ 비유적 표현을 읽으면 시의 장면이 마음속에 쉽게 떠오르고 생생한 느낌이 든다.

④ 비유적 표현의 효과

  ㉠ 비유적 표현은 대상이나 상황을 재미있고 생생하게 나타낸다.

  ㉡ 복잡한 내용이나 상황을 쉽게 이해할 수 있게 한다.

(7) 시의 주제를 찾는 방법

① 제목이 무엇인지 알아본다.

② 떠오르는 장면을 생각한다.

③ 나의 느낌과 생각을 정리한다.

④ 글쓴이의 중심 생각을 알아본다.

⑤ 글감과 중심 글감이 무엇인지 알아본다.

🌷 시에서 글쓴이가 읽는 이에게 말하려고 하는 중심 생각을 주제라고 한다. 시의 주제는 글쓴이가 겪은 일과 그 일에 대한 글쓴이의 생각이나 느낌을 살펴보면 알 수 있다.

작품 다지기 4

산수유꽃

이른 봄
햇살이 씨앗을 뿌렸다

산수유나무
품었던 씨앗을 틔운다

차조알같이 자잘한 노란 꽃
아직 뺨이 시려
깨알만큼 얼굴을 내민
그래도 촘촘히 달린 산수유꽃.

핵·심·정·리

- 글의 종류 : 시
- 글쓴이 : 정두리
- 글의 특징 : 이른 봄에 핀 산수유꽃을 차조알과 깨알에 비유하였다.
- 운율이 느껴지는 까닭 : 1연과 2연이 '~을 ~다'로 끝난다.

확인하고 실력 다지기

01 자잘하게 핀 산수유꽃을 표현한 것은 무엇입니까?

① 깨알 ② 얼굴

③ 햇살 ④ 차조알

02 '차조알같이 자잘한 노란 꽃'은 무엇을 표현한 말입니까?

① 봄 ② 산수유꽃

③ 씨앗 ④ 깨알

03 이 시에 나타난 계절은?

① 봄 ② 여름

③ 가을 ④ 겨울

정답 01 ①, ④ 02 ② 03 ①

② 시 조

1. 어느 시대에 누가 지었는지 알아본다.
2. 시조의 내용과 글쓴이의 생각을 알아본다.
3. 일정한 글자 수에서 느껴지는 운율을 살려 읽는다.
4. 표현상의 특색, 글감과 중심 생각을 살피며 읽는다.

(1) 시조의 뜻

시조는 우리 민족의 얼과 정서가 담겨 있는 우리 고유의 시가이다.

(2) 시조의 내용(주제)

충성과 효도, 우애, 절개, 자연의 아름다움 등 다양한 내용을 담고 있다.

(3) 시조의 종류

① 평시조

　㉠ 초장, 중장, 종장의 3장으로 이루어진 시조로, 총 글자수는 45자 안팎이다.

　㉡ 대부분의 옛시조가 평시조이다.

② 엇시조 : 초장, 중장 가운데 어느 한 장의 글자 수가 긴 시조이다.

③ 사설시조 : 초장과 중장의 글자 수가 긴 시조로, 시조 중에서 가장 긴 형식이다.

바로 확인

다음 글에 대하여 바르게 설명한 것은?

> 이고 진 저 늙은이 짐 벗어 나를 주오.
> 나는 젊었거늘 돌인들 무거울까.
> 늙기도 서러웁거든 짐조차 지실까.

① 지은이는 알 수 없다.
② 고려 시대에 지어진 글이다.
❸ 초장, 중장, 종장으로 되어 있다.
④ 이 글이 주는 교훈은 애국심이다.

☙ 조선 시대 정철이 지은 시조로, 경로사상을 주제로 하고 있다.

(4) 시조의 형식

① 시조는 초장, 중장, 종장으로 나누어진다.

② 시조의 가장 기본적인 형식은 초장 3·4·3·4, 중장 3·4·3(4)·4, 종장 3·5·4·3 으로 이루어진다.

작품 다지기

혀 밑에 도끼

혀 아래 도끼 들었단 말 들어 본 일 있나요?

남을 자꾸 헐뜯는 사람들의 혓바닥 아랜

도끼가 숨겨져 있대요, 서슬 푸른 쇠도끼.

핵·심·정·리

- 글의 종류 : 시조
- 글쓴이 : 이정환
- 중심 내용 : 남을 헐뜯고 상처 주는 말을 하지 말자.
- 글의 특징 : 남을 헐뜯어 상처를 줄 수 있는 말을 도끼에 비유하였다.

확인하고 실력 다지기

01 "혀 아래 도끼 들었다."라는 말은 무슨 뜻입니까?

02 이 시조에서 말하고자 하는 속뜻은 무엇입니까?

① 말조심을 하자.　　　　　② 근검절약하자.

③ 도끼를 사용하자.　　　　④ 부모님께 효도하자.

정답 **01** 말을 잘못하면(함부로 하면) 다른 사람에게 큰 상처를 줄 수 있다.

02 ①

전래 동요

1. 뜻

전래 동요는 옛날부터 어린이들 사이에서 입에서 입으로 전해 내려오는 어린이들의 노래이다.

2. 특 징

- 지은 사람, 지어진 때, 처음 부른 사람을 알 수 없다.
- 어린이들만의 순박한 생각과 생활 모습이 잘 나타나 있다.
- 대개 길이가 짧으며 정해진 형식이 없다.
- 운율이 되풀이되거나 후렴 부분이 많다.

3 이야기

어떻게 읽을까?

1. 이야기의 구성 요소(인물, 사건, 배경)를 생각하며 읽는다.
2. 인물의 성격을 살려 실감 나게 읽는다.
3. 이야기의 배경을 생각하며 읽는다.
4. 인물 사이의 갈등을 생각하며 읽는다.
5. 인상적인 부분을 생각하며 읽는다.
6. 이야기를 읽고 이야기에 대한 생각이나 느낌을 서로 비교한다.

(1) 이야기의 특성

① 이야기는 말하거나 들려주기 위하여 쓴 글이다.

② 이야기는 인물, 사건, 배경으로 이루어진다.

(2) 이야기의 구성 요소를 생각하며 읽기

① 이야기의 구성 요소를 알면 이야기를 쉽게 간추릴 수 있다.

② 이야기의 구성 요소

    ㉠ 배경 : 이야기에서 일이 벌어지는 시간과 장소

    ㉡ 인물 : 이야기에서 어떤 일을 벌이거나 겪는 사람

    ㉢ 사건 : 이야기에서 벌어지는 일

(3) 인물의 성격을 살려 읽기

① 인물의 성격을 살려 실감 나게 읽는 방법

    ㉠ 인물의 말이나 행동을 보고, 인물의 성격을 알아본다.

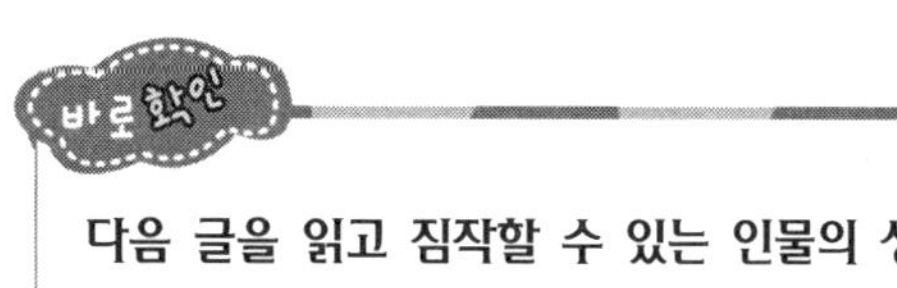

바로 확인

다음 글을 읽고 짐작할 수 있는 인물의 성격은?

> 그 용모를 말할진대, 두 볼은 한 자가 넘고, 눈은 퉁방울 같고, 코는 질병 같고, 입은 메기 같고, 머리털은 돼지털 같고……
> ―'장화홍련전' 중에서―

① 착하다   ❷ 욕심 많다
③ 차분하다   ④ 예의바르다

ⓒ 인물의 성격을 생각하며 알맞은 목소리로 읽는다.

ⓒ 인물의 성격에 어울리는 표정을 짓거나 몸짓을 하며 읽는다.

② 인물의 성격과 읽는 방법

ⓐ 적극적인 성격 : 크고 힘찬 목소리

ⓑ 겁이 많고 소심한 성격 : 겁먹은 표정, 작고 자신 없는 목소리

ⓒ 야무진 성격 : 당당하고 큰 목소리

(4) 배경을 생각하며 읽기

① 이야기에서 배경을 알면 좋은 점

ⓐ 인물의 특성을 짐작할 수 있다.

ⓑ 사건이 일어나게 된 까닭을 더 잘 이해할 수 있다.

ⓒ 이야기에서 일이 벌어진 시간과 장소를 알 수 있다.

② 이야기의 배경을 생각하며 인물을 이해하는 방법

ⓐ 이야기 속에서 인물을 변화시킨 배경을 살펴본다.

ⓑ 인물에게 어떤 사건이 일어났는지 알아본다.

ⓒ 배경에 따라 인물이 어떤 생각을 하는지 알아본다.

(5) 인물 사이의 갈등을 생각하며 읽기

① 갈등의 뜻 : 갈등은 인물 사이에 서로 맞지 않는 마음이나 행동을 말한다. 갈등은 생각이나 마음이 서로 다른 인물들이 어떤 대상이나 사건을 놓고 서로 맞설 때 생긴다.

② 인물 사이에 갈등이 생기는 까닭

ⓐ 어떤 대상이나 사건에 대한 인물의 마음이 서로 다르기 때문이다.

ⓑ 인물의 가치관이나 인물이 처한 처지가 서로 다르기 때문이다.

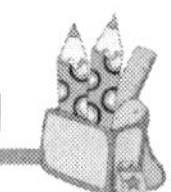

③ 갈등을 생각하며 읽기

    ㉠ 인물 사이에 어떤 일이 일어났는지 알아본다.

    ㉡ 인물 사이에 일어난 갈등과 갈등이 생긴 까닭이 무엇인지 찾아본다.

    ㉢ 인물 사이의 갈등이 어떻게 해결되는지 생각한다.

(6) 인상적인 부분을 생각하며 읽기

인상적인 부분을 생각하며 이야기를 읽으면 더 재미있고 생생한 느낌이 든다.

① 인상적인 부분을 찾는 방법

    ㉠ 인물의 말이나 행동, 장면이나 상황이 실감 나게 표현된 부분을 찾는다.

    ㉡ 인물의 마음이나 사건의 변화가 잘 나타난 부분을 찾는다.

② 인상적인 부분의 효과

    ㉠ 인상적인 부분은 장면을 생생하게 떠오르게 한다.

    ㉡ 인상적인 부분을 읽으면 인물의 마음에 공감할 수 있다.

    ㉢ 인상적인 부분은 깊은 감동을 준다.

(7) 이야기에 대한 생각이나 느낌을 다른 사람과 비교하면 좋은 점

① 인물의 말이나 행동에 대한 생각이 다양하다는 것을 알 수 있다.

② 이야기에 대한 생각의 폭이 넓어진다.

🌱 이야기를 읽고 생각이나 느낌이 서로 다른 까닭은 읽는 이에 따라 경험과 상상력이 다르기 때문이다.

(8) 이야기의 주제 찾기

① 이야기에서 글쓴이가 말하려고 하는 중심 생각을 찾는다.

② 인물이 겪은 일과 인물의 말과 행동을 통하여 중심 생각을 찾는다.

③ 이야기를 읽고 느낀 감상을 바탕으로 하여 주제를 정리한다.

🌱 제목과 주제와의 관계 : 주제는 글쓴이가 읽는 이에게 말하고자 하는 중심 생각으로, 글의 제목, 글감, 내용과 관련지어 찾을 수 있다. 제목은 가장 중심이 되는 글감이나 글 전체의 내용을 바탕으로 하여 붙여진다.

(9) 동화의 특성

① 동화는 있음 직한 이야기를 꾸며 쓴 작품이다.

② 어린이를 생각하며 꾸며 쓴 이야기이다.

    🪴 동화 작가는 어린이를 생각하며 동화를 짓는다.

③ 구성 : 인물, 사건, 배경

(10) 웃음을 주는 글

① 웃음을 주는 글을 읽으면 재미와 즐거움을 느낄 수 있다.

② 웃음을 주는 글의 표현 특성

    ㉠ 예상 밖의 결말은 웃음을 준다.

    ㉡ 재치 있는 표현을 읽으면 재미있다.

    ㉢ 사실보다 부풀려서 나타내는 과장된 표현이 많이 사용된다.

③ 웃음을 주는 글의 효과

    ㉠ 웃음을 주는 장면이 떠올라 유쾌해진다.

    ㉡ 재치 있는 표현에서 즐거움을 느낄 수 있다.

옛글을 읽으면 좋은 점 ⭐중요

1. 조상들이 살아온 모습을 알 수 있다.
2. 조상들의 삶에 대한 지혜와 교훈을 얻을 수 있다.

🪴 우리나라 옛글 : 장화홍련전, 효녀심청전, 장끼전, 홍길동전, 소학언해 등

방구 아저씨

방구 아저씨가 떠났습니다. 봄비가 부슬부슬 처량하게 내리던 날이었습니다.
5 이 날은 방구 아저씨의 귀빠진 날이기도 하였습니다. 그리고 일본이 덜컥 하와이의 진주만을 기습해서 태평양 전쟁을 일으킨 지 일 년 넉 달 하고 스무하루가 된 날이었습니다.

10 안골 마을 목수인 김봉구 아저씨는 방귀쟁이입니다. 아이들만 보면 살금살금 다가가 엉덩이를 쑥 내밀고 '뿡!' 방귀를 뀝니다. 그러고는 싸우지들 말고 사이좋게 나누어 먹으라고 점잖게 말합니다. 아이
15 들이 코를 싸쥐고 야단인 시늉을 하면, 또 번개처럼 "옜다, 이건 덤이다." 한 번 더 얹어 줍니다. 방귀 덤을 들쓴 아이는
팔팔 뛰고, 동무들은 깔깔거리며 배를 잡습니다.

- •글의 종류 : 창작 동화
- •글쓴이 : 손연자
- •글의 특징 : 일제 강점기에 주권을 잃어버린 우리 민족의 서럽던 삶을 방구 아저씨를 통해 보여 주는 가슴 아픈 이야기이다.
- •시대적 배경 : 일제 강점기
- •인물 사이의 갈등
  - 갈등이 생긴 인물 : 방구 아저씨와 이장
  - 갈등이 생긴 까닭 : 이장은 방구 아저씨의 괴목장을 히라노에게 넘기자고 하고 방구 아저씨는 절대 줄 수 없다고 하기 때문

조무래기 아이들은 봉구 아저씨를 졸졸 따라다니면서 "아저씨, 나 방구 나팔 한
20 번만." 하고 조르기도 합니다. 아저씨는 "오냐, 알았다." 딥석 들어 입고는 논두렁 밭두렁 뛰어다니며 뿡뿡 장단 맞추어 불어 줍니다. 이래서 봉구 아저씨는 방구 아저씨가 되었습니다.

방구 아저씨는 꽃상여를 넣어 두는 곳집 근처에서 혼자 삽니다. 돌림병에 식구들을 몽땅 잃은 지 십수 년이 지났지만, 통 장가갈 생각을 안 합니다.

25 "이다음에 죽으면 제사 지내 줄 아들 하나는 있어야지."

이웃들이 걱정을 해도 소 웃음만 웃습니다. 방구 아저씨는 마른버짐 허옇게 솟은 안골 아이들을 자식처럼 보살핍니다. 공출로 농사지은 것 다 빼앗기고 끼니를 거르는가 싶으면 시래기죽일망정 넌지시 불러다 먹이고, 나무를 하러 산으로 가면 등에

꼭 맞는 지게도 만들어 줍니다.

　오늘 밤도 방구 아저씨네 방은 놀러 온 아이들로 그득합니다. 곳집의 지붕만 보아도 간이 오그라들고 손금마다 조르륵 땀이 흐르지만 ― 잘금잘금 오줌이 나올 때도 있습니다. ― 아이들은 스무 걸음 전부터 질끈 눈을 감고 숨도 안 쉬고 뛰어옵니다. 그 때마다 방구 아저씨는 벌레 먹은 콩이라도 감춰 두었다가 볶아 내고는 합니다.

　근동의 고래등 같은 기와집은 다 방구 아저씨 손끝에서 생겨났지만, 정작 아저씨네 집은 머리를 수그리고서야 겨우 드나드는 오두막집입니다.

　"먼저 간 식구들한테 미안해서 여태 못 지으신 거야."

　"아니야, 장가가면 지으려고 아직 안 지으신 거야."

　택조랑 윤서가 서로 우기자, 코찔찔이 길만이가 냉큼 끼어듭니다.

　"아저씨네 집은 왜 안 지어요?"

　"내 집? 허허허, 내 집은 나중에 세상이 좋아지면 지을 거야."

　"아저씨, 세상이 좋아져요?"

　애늙은이 희철이가 도리질을 합니다.

　징병이니 징용이니 하면서 밭에서도 끌어가는 세상입니다. 공출도 뻔질나서 기름진 쌀은 다 일본으로 실어 가고, 대신 주는 배급 쌀에는 싸라기가 늘었습니다. 그러더니 이제는 총알을 만든다고 놋그릇, 놋대야에 돌쟁이 숟가락까지 훑어갑니다. 우물집 두섭이네는 견디다 못하여 등짐에다 개다리소반을 얹고 깨진 바가지 주렁주렁 매달고 만주로 떠났습니다.

　"그래도…… 좋은 세상은…… 꼭 온다. 봐라, 밖은 지금 캄캄한 밤이다. 하지만 한잠 자고 나면…… 아침이 와 있지 않던?"

　방구 아저씨는 눈 끔뻑이며 느릿느릿 말하였습니다. 그러면서 '열흘 붉은 꽃 없고 달도 차면 기우는 법'이라고 쥐 오줌 얼룩진 천장을 보고 중얼거렸습니다.

　머리에 난 부스럼 자국처럼 둥그스름하던 구름들이 잿빛을 띠자, 하늘은 금세 찌푸리듯이 얼굴을 구겼습니다.

　"봉구, 집에 있는가?"

　"이장이 웬일이오?"

　방문을 열며 방구 아저씨가 떨떠름한 표정을 합니다. 이장은 마을 일을 한답시고 집집이 살피다가는 일본 관리한테 일러바치기 일쑤입니다. 두섭이네가 농사지을 땅

을 빼앗기고 떠난 것도 이장의 입김 탓이라고 방구 아저씨는 믿고 있습니다.

"더러운 꼬락서니 안 보고 훌훌 잘 떠났지."

방귀만 뀌어 주면 깔깔거리던 어린 두섭이가 눈에 아삼아삼할 때마다 방구 아저씨는 그렇게 되뇌었습니다. 그러다가도

5   "이장, 그놈의 염소수염을 그냥!"

하며 곰방대로 나무 재떨이를 타다닥 두들겼습니다.

"난 자네 집에 오면 안 되나?"

이장이 암상스레 대꾸를 합니다. 그러더니 마루에 척 걸터앉아 쌈지부터 꺼냅니다.

"할 말이 뭔가?"

10   방구 아저씨가 퉁명을 떱니다. 그러거나 말거나 이장은 양 볼이 쏙 들어가게 곰방대를 빨고서야 입을 엽니다.

"이번에 내려온 산림관이 자네 소문을 들은 모양이네."

이장은 "히라노 그 사람 별종이야. 조선 것이라면 사족을 못 쓰더군. 아, 글쎄 요강까지도 신줏단지 모시듯이 모셔 놓았더라니까." 하며 혼잣말을 하더니,

15   "방에 있는 장 말이야, 그 사람한테 넘기지 그래."

하고 본심을 털어놓았습니다.

"무슨 소린가? 자네, 앞잡이 노릇도 모자라 인제 거간꾼 노릇까지 하려나?"

방구 아저씨가 방문을 소리 나게 닫았습니다. 이장은 새우 눈초리 샐쭉해 가지고 염소수염 바르르 떨며 사립문을 나갔습니다. 그랬지만 이틀이 멀다 하고 찾아와 졸

20   라 댔습니다. 방구 아저씨는 산처럼 꿈쩍을 안 하였습니다. 대신 윗목에 놓인 괴목장을 반들반들 닦았습니다.

그럴 때 백통 은나비 괴목장은 말합니다.

"내가 나무였을 때 파란 날개를 가진 새한테 말하였지요. 누군가 날 따뜻한 눈으로 보아 주는 그런 곳에서 살고 싶다고."

25   그럴 때 방구 아저씨는 안동으로 떠나던 그 날의 소리를 듣습니다.

"아버지, 돈 많이 벌어 가지고 얼른 와!"

"몸조심하세요, 당신!"

나비처럼 팔랑거리는 자식들의 손짓을……

은나비로 와 앉은 수줍고도 먼 아내의 목소리를…….

방구 아저씨는 주먹으로 쾅쾅 가슴을 칩니다. 뼛속에 새겨진 사랑하는 아이들의 눈망울과 사시사철 맨발이던 착한 아내가 너무나도 그리워서…….

방구 아저씨가 처음 목수 일을 배울 때, 아내는 열일곱 고운 새댁이었지요. 그랬
5 건만 그 때도 먹구름 뒤덮인 세상인지라 살림살이는 쪼그랑 오이였지요.

새댁은 구정물에 손등 마를 새 없이 품을 팔아 살림을 꾸렸지요. 식구가 불어났어도 여섯 입에 풀칠이라도 할 수 있었던 것은 발바닥에 불이 나도록 종종거린 아내 덕분이었지요.

경상도 안동으로 집을 지으러 갔다가 삼 년 만에 허위허위 돌아왔을 때는 사립문
10 밖에서부터 자식들 이름을 불렀지요. 하지만, 댑싸리 울타리 둘러친 초가집은 잠잠하였지요.

지붕 위의 풀들만이 야윈 손을 흔들었을 뿐이지요.

"어쩌겠나, 명들이 고것뿐이니."

노인들이 나서서 위로하였지만 몇 날 며칠을 물 한 모금 안 마셨지요. 보름 만에
15 정신을 차리고 나서도 방 안에만 틀어박혀 있었지요. 낮밤을 잊은 수염은 웃자라 턱을 가리고 붉은 실핏줄 내비친 두 눈은 퀭하였지요. 죽은 아내의 생일날, 방구 아저씨는 백통 은나비 장식이 화사한 괴목장을 제물로 바쳤지요.

장 안에 고이 접어 넣은 노랑 저고리 다홍치마 한 벌.

지지리 고생만 하다 간 아내에게 처음으로 준 선물이었지요. 그런데 지금 그 장
20 을 일본 산림관한테 넘기라고 이장은 저리도 끈덕지게 조르고 있습니다.

기다려도 안 되자, 하루는 히라노 그 사람이 말을 타고 찾아왔습니다. 그는 말안장 위에 꼿꼿이 등 펴고 앉아 사립문 이쪽에 방구 아저씨랑은 눈도 마주치지 않았습니다. 괜히 이장만 연방 허리를 구부리며 손바닥을 비빕니다.

"자네, 쌀 두 말 값이면 충분하겠지?"

25 이장이 찡긋 눈짓을 합니다. 그냥 빼앗아 가도 할 말이 없을 판인데, 이 정도이면 여러 말 말라는 뜻입니다.

"뭐, 쌀 두 말 값? 이봐, 그 장은 애들 엄마 목숨이야."

방구 아저씨가 버럭 소리를 질렀습니다. 갈색 말이 놀라 껑청 앞발을 듭니다. 말 갈기를 부르르 떨고는 '히잉' 긴 울음도 웁니다. 그러더니 거무튀튀한 주둥이 비틀

어 누런 넓적 이를 내보이며 한바탕 투레질을 합니다. 히라노는 그 자리에서 갈색 말을 돌렸습니다. 그러고는 나지막한 토담 길을 등 꼿꼿이 세우고 갔습니다.

갓 스물에 일본에서 순사가 되자마자 읍내로 온 이토는 새파랗게 젊습니다. 봄비가 부슬부슬 내렸지만 이토는 새벽같이 찾아와 방구 아저씨를 깨웠습니다.

5   “당신, 목수 맞지?”

“그렇소.”

“역시 목재가 필요하겠군. 그래서 허가 없이 나무를 베었나?”

“난 그런 일 없소.”

“없어? 그럼 우리 대일본의 산림관이 거짓말을 했단 말이야 뭐야?”

10   이토가 다짜고짜 방구 아저씨의 뺨을 갈겼습니다. 이토는 자기를 순사 나리라고 부르지도 않고 굽실거리지도 않는 방구 아저씨가 괘씸하였습니다.

“방 안에 있는 저 장도 얼마 전에 마음대로 나무를 베어 만들었다며?”

“당신네 나라에서는 금방 벤 나무로 장을 짜오?”

서툴다 싶던 방구 아저씨의 일본말이 물처럼 쏟아져 나왔습니다.

15   “뭐? 당신네 나라? 대일본 제국과 조선이 하나라는 것을 아직도 모르나? 이거 불령선인 아냐? 조사할 게 있으니 저 장을 지게에 싣고 따라와!”

이토는 들고 있던 순사봉으로 방구 아저씨의 가슴을 쿡쿡 찍었습니다. 방구 아저씨 이마에 불뚝 시퍼런 힘줄이 솟았습니다.

“네 이노옴, 이 버르장머리 없는 놈. 어디 와서 함부로 행패냐, 행패가…….”

20   눈 깜짝할 사이에 멱살을 잡힌 이토가 붕 날았습니다. 그러고는 빗물 스민 마당 에다 코를 박았습니다. 이토는 진흙투성이 얼굴로 퉁기듯이 일어났습니다.

“조선놈 주제에 감히!”

이토의 순사봉이 방구 아저씨 머리를 내리쳤습니다.

조선 사람 앞에만 서면 갑자기 어깨에 힘이 들어가는 이토, 이토의 나무 순사봉은
25 그 순간 쇠막대가 되었습니다.

“억!”

방구 아저씨가 풀썩 무릎을 꿇었습니다. 피가 얼굴에 흘렀습니다. 잠시 그대로 있던 방구 아저씨가 스르르 무너졌습니다. 부릅뜬 눈에는 봄비 내리는 하늘이 가득

찼습니다.

"아이코머니나!"

사립문을 들어서던 이웃, 순분 엄마가 미역국 그릇을 동댕이치며 달려들었습니다. 그러나 방구 아저씨는 이미 이 세상 사람이 아니었습니다.

5 　그날로 방구 아저씨는 거적때기에 두르르 말려 가족들 옆에 묻혔습니다. 정수리가 뺑 뚫린 채였습니다. 서슬 퍼런 순사들 눈길에 꽃상여도 타지 못하였습니다.

곳집 옆에서 일생을 살고도 꽃상여도 못 타 본 방구 아저씨.

그렇게 방구 아저씨는 떠났습니다. 희철이, 택조, 윤서, 길만이가 눈물 콧물 범벅이 10 되어 뒤를 따랐습니다. 봄비 그치자, 달려온 흰 구름도 둥둥 따라왔습니다. 하지만, 아저씨의 방귀 자국 같은 흰 구름을 고개 숙인 아이들은 보지 못하였습니다.

해가 뜨고 달이 지고, 어느 계절에는 바람 불고 눈비 내리고……. 그러면서 세월은 흘러갈 겁니다. 꽃 피고 새 울고 무지개 뜨면서 세월이 흐르면 방구 아저씨는 한 줌 흙이 되고 백골이 되겠지요.

그러나 방구 아저씨의 백골 맨 꼭대기에는 뺑 구멍이 나 있을 겁니다. 새파랗게 15 젊은 일본 순사가, 조선 사람이었기 때문에 열 배의 힘을 넣어 내리친 순사봉 자국을, 막 오십 줄에 들어섰던 아저씨는 영원히 가지고 있을 겁니다. 영원히!

확인하고 실력 다지기

01 이 글의 시간적 배경이 일제 강점기임을 알려 주는 부분은 어디입니까?

① 방구 아저씨가 떠났다.

② 방구 아저씨는 안골 마을 목수이다.

③ 방구 아저씨는 곳집 근처에 혼자 산다.

④ 일본이 진주만을 기습해서 태평양 전쟁을 일으켰다.

02 김봉구 아저씨가 '방구 아저씨'라는 별명을 갖게 된 까닭은 무엇입니까?

① 봉구라는 이름이 방구라는 말과 비슷해서

② 아이들 앞에서 하도 방귀를 잘 뀌어서

③ 아이들이 방귀를 뀌면 너무 좋아해서

④ 방귀를 파는 이상한 직업을 가져서

03 이 글의 시대적 배경이 일제 강점기임을 알 수 있는 말은 무엇입니까?

① 사립문　　　　　　　　② 순사

③ 이장　　　　　　　　　④ 토담길

04 방구 아저씨는 누구와 갈등하고 있습니까?

① 이장　　　　　　　　　② 순분 엄마

③ 이토　　　　　　　　　④ 히라노

정답 01 ④　　02 ②　　03 ②　　04 ①

김덕령 이야기

옛날 조선 시대, 호남의 큰 고을 광주 무등산 자락에 가난한 부부가 살고 있었어요. 부부는 마을에서 외따로 떨어진 초가집에서 가난하게 살았어요. 부부가 함께 짚신을 삼아 장에 내다 팔아서 입에 풀칠을 하였지요.

어느 날 해질 무렵, 손님이라고는 들지 않던 그 집에 이상한 손님이 찾아왔어요. 윤기가 흐르는 비단옷을 입은 사람이었어요.

> **핵 심 정 리**
> - **글의 종류** : 옛이야기
> - **글의 특징** : 김덕령의 탄생 배경이 나타나 있다.
> - **이야기의 배경**
>   - 언제 : 조선 시대
>   - 어디에서 : 호남의 큰 고을 광주 무등산 자락의 초가집

"중국에서 조선 산천을 구경하러 왔소이다. 돈은 넉넉히 드릴 테니 며칠만 묵게 해 주시오."

좋은 집을 다 놓아두고 초가집에서 묵겠다니 이상한 일이었지요. 그렇지만 주인 부부는 마다하지 않고 방을 내주었어요.

그 집에 머물게 된 중국 사람은 하는 짓이 영 심상치 않았어요. 날이 밝으면 나갔다가 어두워져야 돌아오는데, 옷은 온통 풀물로 얼룩지고 신발은 흙투성이였지요.

"아무래도 이 사람은 묘를 쓸 자리를 살피러 다니는 지관이 분명해."

"그렇다면 왜 중국에서 머나먼 조선 땅까지 왔을까요?"

그 말에 잠시 무엇인가 생각하던 남편이 무릎을 탁 쳤어요.

"맞아! 이 근처에 명당이 있는 게 틀림없어. 사람들의 눈을 피하려고 일부러 외딴 집을 찾아온 거지."

그 말에 아내도 고개를 끄덕였어요.

하루는 중국 사람이 주인더러 달걀 하나만 달라고 하였어요. 주인은 달걀을 주고, 중국 사람의 뒤를 몰래 쫓아갔어요.

산등성이에 올라서 길도 없는 곳을 한참 헤치고 나가던 중국 사람은 한곳에 걸음

을 딱 멈추었어요. 사방을 둘레둘레 살피더니 땅을 파기 시작하였어요. 그리고 그 자리에 달걀을 묻는 거예요.

중국 사람은 한참 동안 꼼짝 않고 서 있었어요. 그때, 신기한 일이 벌어졌어요. 땅속에서 "꼬끼오." 하고 닭 우는 소리가 들리는 것이었어요. 중국 사람은 입가에 미소를 띠면서 말하였어요.

"그러면 그렇지. 이 자리가 틀림없군."

몰래 그 모습을 엿보고 있던 주인은 고개를 끄덕였어요.

'그래, 저곳이 천하의 명당이 분명해.'

이튿날, 손님은 다시 돌아오겠다는 말을 남기고 중국으로 돌아갔어요. 그로부터 한 달쯤 지나서 중국 사람이 다시 부부의 집에 찾아왔어요. 짐을 풀 겨를도 없이 급히 산에 오른 중국 사람은 소스라치게 놀랐어요.

'이럴 수가! 여기에 묘가 들어서다니?'

중국 사람은 다짜고짜 주인한테 달려와 따지고 들었어요.

"당신이 저 산에 묘를 썼지? 아무리 생각해도 당신밖에 없소!"

그러자 주인이 말하였어요.

"그래요, 묘를 썼소이다. 뭐, 산에 따로 임자가 있답디까?"

그러자 중국 사람이 혀를 끌끌 차며 말하였어요.

"여보시오. 그곳은 조선 사람이 묘를 쓸 자리가 아니오. 중국 사람이 쓰면 임금이 날 자리이지만, 조선 사람이 쓰면 역적밖에 안 될 자리라오. 자, 내가 따로 좋은 자리를 잡아 줄 테니 묘를 옮기시구려."

하지만, 주인은 조금도 물러설 기색이 없었어요.

"허허, 성공을 하고 안 하고는 하늘에 달린 법, 나는 이 자리를 양보할 생각이 없소이다. 당신도 그렇소. 묘를 쓸 자리를 구하려거든 제 나라에서 찾을 일이지 왜 남의 나라 땅까지 넘본단 말이오?"

주인의 고집을 꺾지 못한 중국 사람은 혀를 차며 발길을 돌렸어요.

얼마 뒤, 아내는 아이를 잉태하여 순산하였어요. 몸집이 크고 눈망울이 초롱초롱한 딸이었어요. 이어서 이듬해에 아들이 태어났어요. 몸집은 작지만 단단하기가 꼭 차돌 같은 아이였지요. 부부는 아이의 이름을 '김덕령'이라고 지었어요.

01 언제 어디에서 일어난 일입니까?

(1) 언제 :

(2) 어디에서 :

02 김덕령의 부모는 어떻게 살아가고 있었습니까?

① 달걀을 팔아서

② 삯바느질을 해서

③ 명당을 찾는 일을 하면서

④ 짚신을 삼아 장에 내다 팔아서

03 김덕령의 아버지가 중국 사람이 정하여 놓은 자리에 묘를 쓴 까닭은 무엇입니까?

① 임자가 없는 산이라서

② 묘를 쓸 자리를 구하지 못해서

③ 중국 사람이 달걀을 묻는 곳이 명당이라고 생각해서

④ 중국 사람이 중국으로 돌아가서

04 이야기의 배경을 알 수 있는 말이 <u>아닌</u> 것은 무엇입니까?

① 옛날 조선 시대   ② 광주 무등산 자락

③ 어느 날 해 질 무렵   ④ 비단옷을 입은 사람

정답 **01** (1) 조선 시대   (2) 호남의 큰 고을 광주 무등산 자락
       02 ④   **03** ③   **04** ④

작품 다지기 3

생선과의 대화

한 손님이 살 생각은 않고 조기 한 마리를 치켜든 채 이리저리 살피며 킁킁 냄새를 맡고 있었다. 마음이 불편해진 생선 가게 주인이 짜증스레 말하였다.

"살려면 빨리 살 일이지, 사지도 않을 생선 냄새는 왜 맡고 그 야단이오?"

손님이 말하였다.

"냄새를 맡는 것이 아니랍니다. 귓속말로 바다 소식을 물어본 것뿐이에요."

재미있는 답에 주인이 목소리를 누그러뜨리고 물었다.

"조기가 뭐라고 합니까?"

손님이 능청스럽게 답하였다.

"바다를 떠난 지 하도 오래되어 최근 소식을 알 수 없답니다."

핵심정리

- **글의 종류** : 이야기
- **글의 특징** : 생선 가게 주인의 질문에 손님이 재치 있게 대답하여 웃음을 주는 글이다.
- **웃음을 주는 표현** : 싱싱하지 않은 생선을 바다에서 떠난 지 오래되었다고 한 말은 과장된 표현이다.

확인하고 실력 다지기

01 이 글이 웃음을 주는 까닭은 무엇입니까?

① 장면이 사실적으로 묘사되어서　　② 되풀이 되는 말이 많아서

③ 과장된 표현을 사용해서　　　　　④ 주장과 근거가 분명하게 드러나서

02 "바다를 떠난 지 하도 오래되어 최근 소식을 알 수 없답니다."의 의미로 알맞은 것은 무엇입니까?

① 조기가 싱싱하지 않다.　　　　　② 조기는 맛있는 생선이다.

③ 바다에서 조기가 잡히지 않는다.　④ 조기는 바다 소식이 궁금하다.

정답 **01** ③　　**02** ①

④ 희곡

1. 희곡의 특성을 생각하며 읽는다.
2. 등장인물의 성격과 사건 전개의 관계를 생각하며 읽는다.

(1) 희곡의 특성 중요

① 희곡은 연극을 하기 위한 대본이다. → 무대 상연을 위한 것이다.

② 해설, 지문, 대사로 이루어져 있다.

> • 때 : 옛날
> • 곳 : 바닷속 용궁과 숲 속
> • 나오는 사람 : 토끼, 자라, 용왕, 문어 장군, 상어 대신, 갈치 대신, 꽃게 대신, 복어 대신, 도미 의원, 황소 ⎤ 해설
>
> 용왕이 누워 있고, 신하들이 걱정스러운 표정으로 이야기를 주고받고 있다. ⎦
>   └── 지문 ──┘
> 상어 대신 : (수염을 쓰다듬으며) 어허, 이거 큰일이오. 용왕님 병환이 나아지지 않
> 으니 이러다가는 정말 큰일 치르겠구려.
>   └──── 대사 ────┘

㉠ 해설 : 때, 곳, 나오는 사람 등을 설명하는 부분

㉡ 대사 : 인물이 직접 하는 말

- 대화 : 두 사람 이상이 무대 위에서 주고받는 말
- 독백 : 말할 상대 없이 혼자 하는 말
- 방백 : 연극을 구경하는 사람들에게는 들리나 상대 배우에게는 들리지 않는 것으로 약속하고 하는 말

㉢ 지문 : 인물의 행동이나 표정을 나타내는 부분

③ 현재화되어 표현한다.

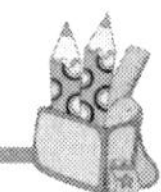

(2) 희곡을 읽고 좋은 점 이야기해 보기

① 지문을 읽을 때 장면이 상상되고 음악이 들리는 듯한 느낌이 들어서 좋다.

② 인물의 모습이 실감 나서 좋다.

③ 연극으로 꾸밀 수 있어서 좋다.

다음은 무엇을 하기 위한 글인가?

> 판사 : 검사, 신문을 시작하세요.
> 검사 : (피고에게 다가서며) 피고는 매년 크리스마스이브에 어린이들을 찾아가 선물을 나누어 준다고 했지요?
> 산타 : 네, 그렇습니다.

① 상대를 설득하기 위한 글
② 설명을 하기 위한 글
❸ 연극을 하기 위한 글
④ 많은 사람들에게 알리기 위한 글

인물의 성격을 생각하여 실감 나게 연극하기

1. 연극할 때 주의할 점

- 인물의 성격에 어울리게 반언어적 표현과 비언어적 표현을 사용하여 실감 나게 표현한다.
  - 반언어적 표현에는 목소리 크기, 빠르기, 높낮이, 말투 등이 있다.
  - 비언어적 표현에는 시선, 표정, 몸짓 등이 있다.
- 무대의 특성을 살려 인물의 위치와 움직임을 표현한다.
- 무대, 의상, 소품, 음악, 효과음, 분장, 조명 등을 효과적으로 사용한다.

2. 연극을 하기 위한 과정

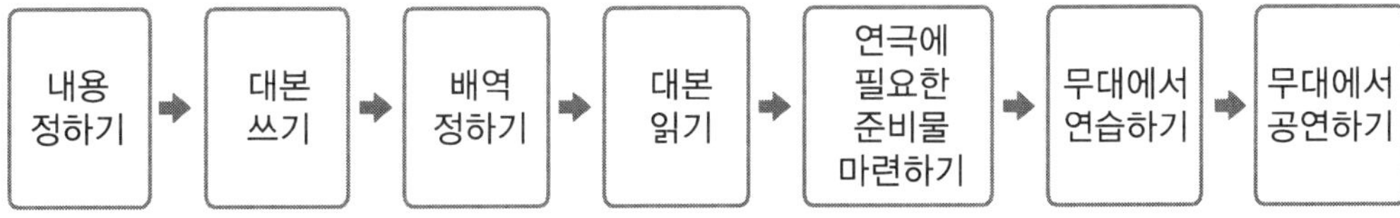

크리스마스 캐럴

• **때** : 크리스마스 전날부터 크리스마스 아침까지

⑤ • **곳** : 런던

• **나오는 사람** : 스크루지, 조카, 조카의 아들, 보브, 말리의 유령, 행인1, 행인2

• **글의 종류** : 희곡

• **글** : 찰스 디킨스

• **글의 특징** : 구두쇠인 스크루지 영감이 옛 친구인 말리의 유령을 통해 자신의 과거, 현재, 미래의 모습을 보고 잘못을 깨닫고 착한 노인이 되는 과정을 연극으로 공연하려고 쓴 글이다.

• **스크루지의 성격** : 인색하다.

⑩ 크리스마스의 분위기가 담긴 음악이 상쾌하게 흐르다가 멈추면 문 두드리는 소리에 이어 문 여는 소리.

스크루지 : 뭐야, 보브?

보브 : 저, 석탄 좀 주실 수 없을까요?

스크루지 : 뭐, 석탄?

보브 : 난롯불이 거의 꺼져 갑니다.

⑮ **스크루지** : 뭐가 춥다고 엄살이야?

보브 : 춥지는 않지만 손가락이 얼어 글씨를 쓸 수 없어 그럽니다.

문 두드리는 소리, 문 여닫는 소리.

조카 : 메리 크리스마스. 삼촌, 안녕하세요?

스크루지 : 시끄럽다. 그나저나 넌 웬일이냐?

⑳ **조카** : 크리스마스를 맞아 불쌍한 사람을 위하여 모금을 하고 있습니다. 기부 좀 하시지요, 삼촌.

스크루지 : 기부? 쓸데없는 소리 하지 마. 그따위 소리 하려면 썩 나가!

조카 : 그럼 그만두십시오. 그 대신 내일 저녁 저희 집 만찬에 오시지요.

스크루지 : 안 간다.

보브 : 저, 제가 조금 기부할까요?

스크루지 : 그만둬. 제 코가 석 자나 빠진 녀석이 기부는 무슨 기부?

조카 : 괜찮아요, 보브 씨. 그만두세요. 삼촌, 내일 안 오시겠어요? 아이들이 할아버
　　　지를 기다릴 텐데.

⑤　스크루지 : 난 바빠. 일을 해야 해.

조카 : 할 수 없군요. 그럼 안녕히 계세요. 메리 크리스마스.

　　　짧고 경쾌한 음악.
　　　시계가 여섯 시를 알리면 문 두드리고 문 여는 소리.

보브 : 저, 영감님, 퇴근해도 괜찮겠습니까?

⑩　스크루지 : 그래, 좋아. 퇴근해.

보브 : 그리고 내일은 크리스마스이니까…….

스크루지 : 쉬겠다, 그 말이지?

보브 : 성탄절 예배를 드리러 가야 하니까요.

스크루지 : 알았어. 그 대신 내일 하루 품삯은 빼는 거야.

⑮　보브 : 하지만,…….

스크루지 : 시끄러워. 빨리 가.

보브 : 기쁜 성탄절을 맞으세요.

스크루지 : 멍청한 녀석.

　　　성탄절의 기쁨이 담긴 음악이 길게 나온다. 괘종시계가 열한 시를 알리면 스크루지
⑳　잠꼬대하며 코 고는 소리가 들린다.

말리의 유령 : (울림 마이크 소리로) 가엾은 구두쇠.

스크루지 : (깜짝 놀라) 누, 누구냐?

말리의 유령 : 날세. 칠 년 전 이 밤, 자네 곁을 떠난 사람.

스크루지 : 아니, 그렇다면 그대는 말리의 유령?

㉕　말리의 유령 : 그렇지. 너의 절친한 친구 말리.

스크루지 : 그런데 갑자기 웬일로?

말리의 유령 : 오늘 밤에 자네에게 보여 주고 싶은 것이 있어서 왔지.

스크루지 : 보여 주고 싶은 것이라니?

말리의 유령 : 나를 따라오면 알게 되네. 이 불쌍한 구두쇠야.

스크루지 : 나를 도대체 어디로 끌고 가려는 거냐?

5 말리의 유령 : 너의 과거를 찾아서.

　　　음악, 마치 휘몰아치듯이 나온다.

말리의 유령 : 여기가 어딘지 아나?

　　　아이들 뛰노는 소리.

스크루지 : 아니, 여기는 내 고향 아닌가? 저건 내 어린 날의 모습. 크리스마스 때
10　　　　친구들과 함께 얼음을 지치던……. 아!

말리의 유령 : 그렇지. 넌 참 영리한 소년이었지. 책을 무척 좋아하는……, 로빈슨
　　　　이야기와 알리바바 이야기를 특히 좋아하였지.

스크루지 : 맞아, 그랬어.

말리의 유령 : 그러던 네가 나이가 들어 가면서 욕심꾸러기로 변하여 간 거야.

15 스크루지 : (괴로워하며 흐느낀다.) 아!

말리의 유령 : 저 아름답던 소년의 눈은 독사의 눈으로, 책장을 넘기던 그 귀여운 손
　　　　은 돈에 벌벌 떠는 차가운 손으로…….

스크루지 : 아, 하지만,…….

말리의 유령 : 변명하여도 소용없어. 다 네가 저지른 일이니까. 자, 다음으로 가 볼까?

20　　　　　　　　　　　　　　　〈중략〉

　　　스크루지 비명을 지르고 격정적인 음악이 나온다.
　　　음악이 바뀌며 상쾌한 아침을 나타낸다.

스크루지 : 아니, 여긴 내 방 아닌가? 오, 꿈이었구나! 내 모습이 그토록 비참하다니
　　　　…….

25　　　문 열고 문 닫는 소리.

조카 : 삼촌, 안녕하세요? 메리 크리스마스.

스크루지 : 오, 네가 왔구나. 메리 크리스마스.

조카 : 아니, 삼촌이 그런 인사를……?

스크루지 : 그래, 이상하기도 하겠지.

5 **조카** : 삼촌, 밤사이에 많이 변하셨네요.

스크루지 : 변했지. 변했고말고! 난 지금 마치 다시 태어난 것 같은 기분이다. 자, 어서 교회에 가자. 성탄절 예배도 드리고, 돌아오는 길에는 빈민 구제소에 들러 기부금도 좀 내자. 보브 집에 칠면조도 한 마리 사다 주고, 오늘 저녁에는 너희 집 만찬에도 가야겠다.

10 **조카** : 아니, 삼촌, 그 말이 정말이세요?

스크루지 : 그럼, 정말이고말고.

경쾌한 크리스마스 음악이 흘러나온다. 문 여닫는 소리. 지나가던 아이들, "메리 크리스마스."를 외친다. 스크루지가 유쾌하게 웃으며 "메리 크리스마스."라고 답한다.

즐겁고 평화로운 음악.

01 이 글의 시간적 배경과 공간적 배경을 쓰시오.

(1) 시간적 배경:

(2) 공간적 배경:

02 말리의 유령을 만나기 전에 스크루지는 어떤 사람이었습니까?

① 친절한 사람　　　　　　　② 인자한 사람

③ 다정한 사람　　　　　　　④ 인색한 구두쇠

03 조카가 스크루지를 찾아온 까닭은 무엇입니까?

① 스크루지의 과거를 보여 주기 위해　　② 말리의 유령을 만나게 해 주려고

③ 일자리를 부탁하기 위해서　　　　　　④ 성탄절 만찬에 초대하려고

04 이와 같은 글의 특징으로 알맞지 <u>않은</u> 것은 무엇입니까?

① 연극으로 꾸미기 위한 글이다.

② 등장인물은 행동으로만 표현된다.

③ 모든 이야기가 현재형으로 표현된다.

④ 대사를 통하여 이야기를 관객에게 전달한다.

05 이와 같은 글에서 해설의 역할로 알맞은 것은 무엇입니까?

① 때와 곳, 나오는 사람들을 소개한다.　　② 인물의 성격을 드러낸다.

③ 인물의 행동을 지시한다.　　　　　　　④ 인물의 표정을 지시한다.

정답 **01** (1) 크리스마스 전날부터 크리스마스 아침까지　　(2) 런던

　　02 ④　　**03** ④　　**04** ②　　**05** ①

5 전기문

1. 전기문에 나타난 시대 상황과 인물의 업적, 태도 등을 알아보며 읽는다.
2. 인물의 삶과 시대 상황의 관계를 살펴보고, 인물의 가치관을 파악하며 읽는다.
3. 본받을 점이 무엇인지 생각하며 읽는다.

(1) 전기문의 특성

① 전기문은 인물의 삶을 사실에 근거하여 쓴 글이다.

② 전기문에는 인물의 삶과 인물이 살았던 시대의 상황이 나타나 있다.

③ 전기문에는 인물의 업적과 신념이 나타나 있다.

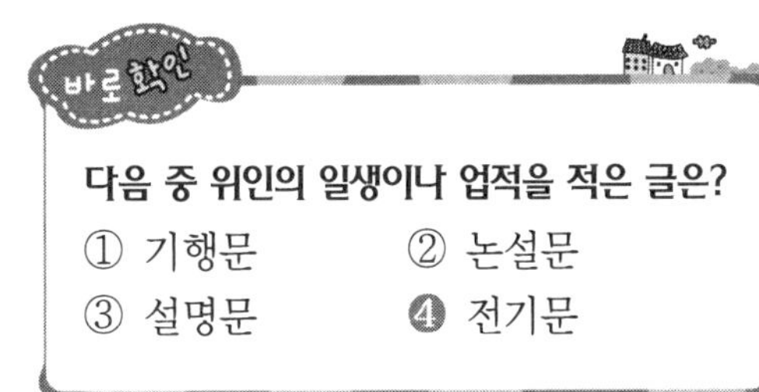

(2) 전기문에서 인물의 가치관을 파악하는 방법

가치관은 '사람이 어떤 행동이나 일을 선택하고 실천하는 데 바탕이 되는 생각'을 말한다. → 전기문에서는 인물의 말, 행동, 업적을 통하여 인물의 가치관을 파악할 수 있다.

① 인물의 삶과 시대 상황의 관계를 파악하며 읽는다.

② 인물의 말, 행동, 업적을 파악하고 가치관을 알아본다.

③ 인물의 가치관이 나에게 어떤 의미가 있는지 생각하며 읽는다.

 작품 다지기

광개토 대왕

광개토 대왕은 고구려 제18대 왕인 고국양왕의 아들로 374년에 태어났다. 그는 고구려의 영토를 가장 넓게 확장하여 가장 강하고 살기 좋은 시절을 이룩하였던 왕이다.

광개토 대왕이 고구려를 부강한 나라로 만들기 전까지, 고구려의 역사는 시련의 연속이었다. 고구려는 남과 북을 둘러싸고 있던 여러 나라와 충돌하면서 끊임없이 전쟁을 치렀고, 이로 인하여 나라 안팎은 어수선하였다.

광개토 대왕은 어린 시절 '담덕'이라고 불렸다. 담덕은 고국양왕 3년인 386년에 태자가 되었다. 그날, 고국양왕은 태자에게 소중히 간직하여 온 물건을 건네주었다. 나라를 세운 이래 대대로 내려온 보궁이었다. 왕은 보궁을 두 손으로 정중히 받쳐 들고 간곡하게 당부하였다.

"이것은 이 나라 시조이신 동명 성왕 때부터 지금까지 내려온 활이다. 태자는 이 보궁을 생명처럼 소중히 간직할 것이며, 장차 선대의 과업을 충실히 따라 부끄럽지 않은 왕이 되도록 하여라."

태자는 선대의 과업이 무엇인지 생각하며 다음과 같이 다짐하였다.

"네, 명심하겠습니다. 오랑캐들을 물리치고 고구려를 대국으로 만들겠습니다."

태자는 왕의 자질을 갖추기 위하여 무술을 익히고 마음을 닦으며 학문에 열중하였다. 그 뒤, 열여덟 살에 담덕 태자는 고구려의 왕이 되었다. 그는 왕위에 오르자 어떻게 나라를 다스릴지 고심하였다. 그리고 여러 신하 앞에서 다음과 같이 말하였다.

"동명 성왕께서 우리 고구려를 세우신 지도 어느덧 500년이 되어 간다. 그동안 우리는 북쪽의 오랑캐들에게 시달림을 많이 받았고, 남쪽으로는 백제와의 싸움이

- **글의 종류** : 전기문
- **글의 특징** : 광개토 대왕의 업적과 그 시대적 상황이 나타나 있다.
- **광개토 대왕의 업적**
  - 고구려의 미풍양속을 정비하고 탐관오리들을 처벌하였다.
  - 새롭게 확장한 영토에 백성을 옮겨 살게 하였다.
  - 백성이 편안히 살 수 있도록 도와주었다.
  - 나라 안의 안정을 꾀하면서 나라 밖의 일에도 관심을 기울였다.

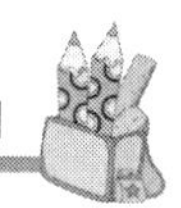

계속되어 왔다. 그러다 보니 백성은 지쳤고 풍속마저 매우 문란해졌다. 이제 미풍양속을 정비하고 강한 군대를 길러 나라의 기강을 바로잡고 고구려의 영토를 확장할 것이다."

광개토 대왕은 미풍양속을 어지럽히는 사람들을 크게 벌하고, 선량한 백성의 삶을 위태롭게 하는 자들이나 재물을 탐내는 탐관오리들을 처벌하였다. 또, 새롭게 확장한 영토에 백성을 옮겨 살게 하고, 직접 돌아다니며 백성이 편안히 살 수 있도록 도와주었다. 또, 나라 안의 안정을 꾀하면서 나라 밖의 일에도 관심을 기울였다.

광개토 대왕은 용맹스럽고 강한 군대를 길렀다. 스스로 군인이 되겠다고 모여든 젊은이들을 훈련시키고 사냥 대회를 자주 열었으며, 말타기, 활쏘기, 칼쓰기 등을 겨루어 뛰어난 성적을 올린 병사에게 상을 내렸다.

"나라의 기본은 국토이다. 땅이 없으면 백성이 흩어지게 되고, 백성이 흩어지면 나라 힘이 쇠약해져 다른 나라의 노예가 될 수밖에 없다. 반대로 땅을 잘 지키고 넓은 국토를 차지하면 언젠가는 잘살고 부강한 나라가 된다."

광개토 대왕은 지혜와 용맹으로 드넓은 만주 벌판을 차츰차츰 정복하여 나갔다. 그리하여 북쪽으로 요동반도에서 북만주, 시베리아에 이르는 크고 넓은 영토를 차지하였으며, 남쪽으로 한강 유역은 물론 강원도, 경기도, 충청도의 일부에 이르는 땅을 차지하게 되었다. 우리나라 역사상 가장 넓은 영토를 차지하는 위대한 업적을 남겼다.

광개토 대왕의 뒤를 이은 장수왕은 아버지인 광개토 대왕의 업적을 길이 남기고자 압록강 건너 집안 지역에 비석을 세웠다. 거대한 녹회색 응회암 자연석에 광개토 대왕의 업적을 빠짐없이 기록하여 넣었다. 이 비석은 1500여 년이 지난 오늘날까지 압록강가에 우뚝 서서 광개토 대왕의 용맹과 지혜와 덕망을 전하여 주고 있다.

01 어떤 인물의 삶에 대한 이야기입니까?

① 장수왕   ② 고국양왕

③ 동명 성왕   ④ 광개토 대왕

02 광개토 대왕이 왕이 되기 전 고구려의 상황은 어떠하였습니까?

① 부강한 나라였다.

② 전쟁으로 나라가 어수선하였다.

③ 전쟁이 없는 평화로운 나라였다.

④ 세계에서 영토가 가장 넓은 나라였다.

03 이와 같이 인물의 삶을 사실에 근거하여 기록한 글을 무엇이라고 합니까?

① 논설문   ② 이야기

③ 전기문   ④ 기사문

정답   01 ④   02 ②   03 ③

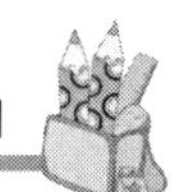

6 기행문

1. 기행문에 나타나야 할 것을 생각하며 읽는다.
2. 글쓴이가 다닌 곳, 여행하면서 보고 들은 것, 생각하거나 느낀 것을 확인하며 읽는다.
3. 글쓴이의 여행 경험에 대한 내 생각이나 느낌을 표현하여 본다.

(1) 기행문의 특징

① 기행문은 여행을 하면서 보고 듣고 생각하거나 느낀 것을 적은 글이다.

② 여행하면서 보고, 듣고, 겪은 일이 글감이 된다.

③ 여행한 순서에 따라 쓰인다.

④ 여행한 곳의 특색이 드러난다.

⑤ 기행문은 시, 일기, 편지 등 다양한 형식으로 표현할 수 있다.

⑥ 기행문을 읽으면 글쓴이의 여행 경험을 함께 느낄 수 있다.

(2) 기행문의 구성 요소

① 여정 : 여행의 과정, 일정

② 견문 : 여행하면서 보고 들은 것

③ 감상 : 여행하면서의 생각이나 느낌

(3) 기행문에서 중요한 내용을 정리하는 방법

① 글쓴이가 다닌 곳에 따라 정리한다.

② 여행하면서 보고 들은 것을 중심으로 하여 정리한다.

③ 여행하면서 생각하거나 느낀 것을 중심으로 하여 정리한다.

다음과 같은 글의 특징은?

> 우도에서의 1박 2일은 내게 참으로 소중한 경험이었다. 아마도 해마다 이맘때가 되면 우도의 인상적인 풍경들이 새록새록 되살아날 것 같다.

① 행과 연을 구별하여 쓴다.
❷ 여행한 경험을 쓴 글이다.
③ 상상한 내용을 중심으로 쓴다.
④ 서론, 본론, 결론으로 구성한다.

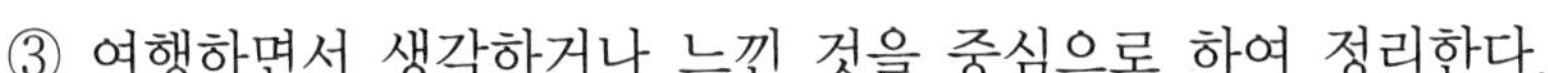

제주도에서

"승련아, 여름 방학이 다 가기 전에 외
삼촌이 한 약속을 지키러 가자!"

5 오늘은 토요일, 외삼촌께서 제주도의
천연기념물인 주상 절리대를 보여 주시
기로 한 날이다.

외삼촌과 나는 차를 타고 주상 절리대
가 있는 중문 관광 단지를 향하여 달리
10 기 시작하였다.

차를 타고 가다 보니 바다 냄새가 차
창으로 들어와 시원하게 느껴졌다. 왼쪽
으로는 멀리 우뚝 솟은 한라산이 보였
다. 가는 곳마다 아름다운 푸른 숲이 우
15 리를 환영하는 듯하였다.

"제주도가 2007년에 유네스코 세계
자연 유산으로 기록되었다는 것은 알
고 있지? 지금 가는 중문·대포 해안
주상 절리대도 아름답고 신비한 자연
20 의 모습을 그대로 간직한 곳이란다."

그 말씀을 들으니 빨리 가 보고 싶었다.

우리가 탄 차는 종려나무들이 길을 따라 마주 보며 푸른 잎을 드리운 곳으로 들
어섰다.

"여기가 중문 관광 단지란다. 조금만 걸어가면 주상 절리대를 볼 수 있단다."

25 우리는 차에서 내려 주상 절리대를 향하여 걷기 시작하였다. 주상 절리대를 보러
가는 길은 공원처럼 예쁘게 꾸며져 있었다. 많은 관광객이 사진을 찍거나 이야기를
나누며 걸어오고 있었다. 우리도 여기저기 구경하고 사진도 찍으며 '주상 절리대
입구'라고 쓰인 곳으로 갔다.

핵 심 정 리	

- **글의 종류** : 기행문
- **글쓴이** : 장승련
- **글의 특징** : 승련이가 제주도의 주상 절리대를 다녀와서 보고 듣고 느낀 것을 쓴 기행문이다.
- **글의 짜임**

여행하면서 다닌 곳	차를 타고 주상 절리대가 있는 중문 관광 단지에 갔다.
여행하면서 보고 들은 것	• 주상 절리대는 아름답고 신비한 자연의 모습을 간직한 곳이다. • 높은 돌기둥들이 하늘을 찌를 듯 수직으로 뻗어 있다.
여행하면서 생각하거나 느낀 것	• 제주도의 파도에 내 마음과 몸도 하얗게 씻기는 것 같다. • 아버지, 어머니께도 보여 드리고 싶다.

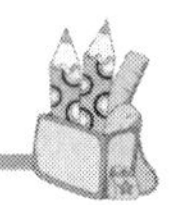

　　나무 계단을 따라 전망대에 오르니, 보석처럼 빛나는 푸른 바다가 한눈에 펼쳐졌다. 바라만 보아도 가슴이 탁 트이는 것 같았다. 햇살에 반짝이는 바다 물결 위에는 배 몇 척이 떠 있었다.

　　"저기를 보렴."

⑤　　나는 외삼촌께서 가리키시는 쪽을 돌아보았다.

　　그곳에는 육각형의 높은 돌기둥들이 긴 해안을 따라 세워져 깎아지른 듯한 절벽을 이루고 있는 게 아닌가? 신이 다듬은 석상처럼 정교하게 겹겹이 쌓여, 하늘을 찌를 듯 수직으로 뻗어 있는 검붉은 돌기둥들! 그 주위에는 납작한 의자 모양의 돌 수십 개가 마치 벌집처럼 연결되어 있었다. 밀가루 반죽으로 일부러 모양을 만든

⑩ 것 같았다.

　　"승련아, 저곳이 바로 주상 절리대란다."

　　"와, 신기해요! 저 파도 좀 보세요."

　　바람이 불 때마다 우르르 몰려와서 돌기둥 바위들에 부딪혀 용솟음치는 하얀 파도는, 영화의 한 장면 같은 커다란 물보라를 만들었다.

⑮　　제주도의 파도와 바람이 오랜 세월 동안 어떻게 하였기에 바위가 저런 모양이 되었을까? 파란 파도가 끊임없이 몰려와 비누 거품처럼 하얗게 부서지는 모습을 보니, 내 마음과 몸도 하얗게 씻기는 것 같았다.

　　외삼촌께서는 이런 돌기둥들이 해안선을 따라 늘어서 병풍처럼 연결되어 있고 물속에도 있다고 하셨다.

⑳　　"외삼촌, 다음 겨울 방학에는 아버지, 어머니께도 보여 드리고 싶어요."

　　"그래, 겨울 방학 때는 너희 가족과 한 번 더 오자꾸나."

구경을 다 하고 집에 와서도 주상 절리대의 돌기둥과 파란 바닷물이 자꾸 생각났다.

01 이 글의 특징으로 알맞은 것은 무엇입니까?

① 연극을 하기 위해 쓴 글이다.

② 상대방을 설득하기 위해서 쓴 글이다.

③ 여행을 하며 보고 듣고 느끼고 생각한 것을 쓴 글이다.

④ 하루의 일을 반성하고 새로운 계획을 세우려고 쓴 글이다.

02 '나'가 여행한 장소는 어디입니까?

정답 **01** ③

02 제주도 주상 절리대

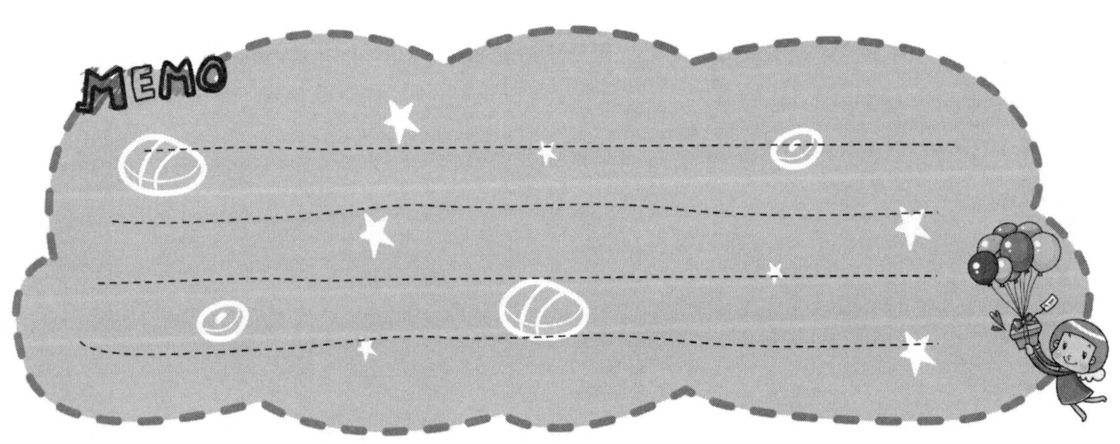

7 주장하는 글(논설문)

> ***어떻게 읽을까?***
>
> 1. 글쓴이의 주장이 타당한지 파악하며 읽는다.
> 2. 주장에 대한 근거가 적절한지 생각하며 읽는다.
> 3. 글쓴이가 주장과 근거를 펴는 상황을 생각하며 읽는다.
> 4. 이어 주는 말과 쓰임새를 생각하며 읽는다.

(1) 논설문의 특성

① 논설문은 자기의 주장을 내세워 독자를 설득하고자 하는 글이다.

② 논설문은 주장과 이를 뒷받침하는 근거로 이루어져 있다.

　　㉠ 주장 : 어떤 문제에 대하여 내세우는 글쓴이의 생각

　　㉡ 근거 : 주장을 뒷받침하는 내용 ➜ 하나의 주장에 여러 개의 근거가 제시되기도 한다.

　　🪴 논설문을 읽을 때에는 주장에 대한 근거가 적절한지 생각하며 읽어야 한다.

③ 논설문은 서론, 본론, 결론으로 짜여 있다.

　　㉠ 서론 : 글이 시작되는 부분으로, 글을 쓴 동기와 목적, 문제를 다루는 방법, 앞으로 쓰려는 내용을 설명한다.

　　㉡ 본론 : 글의 중심이 되는 부분으로, 글쓴이의 의견이나 주장, 주장을 뒷받침하는 근거를 들어서 설명한다.

　　㉢ 결론 : 글을 마무리하는 부분으로, 주장한 내용을 요약하고 결론을 내린다.

(2) 글쓴이의 주장이 타당한지 파악하는 방법

① 주장을 뒷받침하는 근거가 옳은지 생각한다.

② 글쓴이의 주장이 상황에 알맞은지 생각한다.

(3) 주장에 대한 근거가 적절한지 파악하는 방법

① 근거가 주장과 관련이 있는 내용인지 생각하여 본다.

② 근거가 주장을 뒷받침하는지 생각하여 본다.

(4) 주장과 근거를 펴는 상황을 생각하며 논설문을 읽어야 하는 까닭

① 어떤 상황에서 주장을 펴고 있는지 파악하면 글쓴이의 주장을 깊이 있게 이해할 수 있다.

② 주장과 근거를 펴는 상황을 생각하면 주장과 근거의 적절성을 파악할 수 있다.

주장하는 글을 읽을 때 주의할 점이 <u>아닌</u> 것은?

① 글쓴이의 주장이 무엇인지 생각하며 읽는다.

❷ 꾸며주는 낱말을 생각하며 읽는다.

③ 글쓴이의 주장에 대한 근거가 무엇인지 생각하며 읽는다.

④ 주장과 근거가 타당한지 생각하며 읽는다.

(5) 주장에 대한 근거를 드는 방법

① 자료를 제시한다.

② 구체적인 사례를 들어 설명한다.

(6) 이어 주는 말

① 이어 주는 말의 뜻 : 이어 주는 말은 '그래서, 하지만' 등과 같이 문장과 문장의 내용을 연결하여 주는 말이다. → 문장과 문장 사이에 이어 주는 말을 넣으면 문장의 연결 관계가 분명해진다.

② 이어 주는 말의 종류와 쓰임새

종 류	쓰임새	예
그리고	앞의 문장에 덧붙여지는 내용이 이어질 때 쓴다.	마을 사람들은 아무리 큰일이라도 조금씩 힘을 합하면 쉽게 이룰 수 있다는 것을 깨닫게 되었다. **그리고** 어떤 환경에서나 서로 협동하면 잘 살 수 있다는 것도 알게 되었다.
그래서	앞의 내용이 뒤의 내용의 근거나 원인 등이 될 때 쓴다.	가뭄이 들자 마을에는 농사에 쓸 물이 부족하였다. **그래서** 사람들은 큰 저수지를 만들자고 하였다.
그러나	앞의 문장과 서로 반대되는 문장이 이어질 때 쓴다.	때로 자기 능력만 믿고 혼자 그 일을 다 하려다 지레 겁을 먹고 포기하기도 한다. **그러나** 여럿이 모여서 꾸준히 힘을 합하면 힘든 일도 쉽게 할 수 있다.
하지만	서로 대립되는 앞뒤의 문장을 이어 줄 때 쓴다.	사람들은 큰 저수지를 만들자고 하였다. **하지만** 저수지 만드는 일은 너무나 큰일이어서 어느 누구도 엄두를 내지 못하였다.

참여를 바라는 글

1. **뜻** : 참여를 바라는 글은 읽는 이가 어떠한 행동이나 선택을 하도록 하는 글이다.

2. **특 성**
   • 글쓴이가 참여를 바라는 일이 나타나 있다.
   • 참여를 바라게 된 상황이 나타나 있다.
   • 글쓴이가 추구하는 가치가 나타나 있다.
   • 어떤 행동이나 선택을 호소하는 글쓴이의 목적이 담겨 있다.

3. **참여를 바라는 글 읽기** : 글쓴이가 참여를 바라는 일과 그 가치를 파악하며 읽는다.

벼농사를 지키자

최근 식생활 습관이 서구화되고 육류와 유제품의 소비가 늘어나고 있다. 반면에 우리 밥상에서 쌀이 차지하는 자리는 점점 줄어들고 있다. 이에 따라 해마다 쌀 소비량이 줄어 농가에서 어려움을 호소하는 실정이다. 1950년대에 비하여 농업 인구가 계속 줄고 있으며, 벼농사의 가치와 소중함도 점점 옅어지고 있다. 그러나 벼농사는 쌀을 생산할 뿐만 아니라 국토 환경과 사회를 유지시키는 중요한 기능을 한다. 벼농사가 주는 여러 가지 이로움에 대하여 깊이 생각하여 보아야 할 때이다.

첫째, 벼농사를 짓는 논은 홍수를 예방하는 역할을 한다. 논에서는 물을 채워 농작물을 재배한다. 논 주위를 논두렁으로 둘러싸고 논바닥을 평평하게 하여 3~10센티미터의 물을 채우는데, 이렇게 우리나라 논에 가둘 수 있는 물의 양은 춘천댐의 약 24배에 달한다. 우리나라의 논을 모두 없앤다면 6~8월 강우기의 홍수 사태가 더욱 많아질 것이다. 실제 중국에서는 양쯔 강 변의 논을 공장과 도시로 개발하면서 홍수 사태가 일어나게 되었다.

둘째, 논은 환경을 깨끗하게 해 준다. 벼는 물을 정화하는데, 빗물이 땅으로 스며들어 지하수가 되기 전에 빗물 속의 질소 화합물을 흡수하여 수질 오염을 막는다. 질소 화합물은 인체에는 유해하지만 벼에는 영양분으로 작용한다. 또, 벼는 공기를 맑게 해 준다. 벼는 단위 면적당 가장 많은 산소를 공급하는 식물로 밝혀졌다. 벼는 연간 약 2천만 톤 이상의 이산화탄소를 흡수하고, 약 1천 4백만 톤의 산소를 배출하여 공기를 정화시킨다.

핵 심 정 리

- **글의 종류** : 논설문
- **글의 특징** : 벼농사가 주는 이로움을 근거로 제시하여 '벼농사를 지키자'는 주장을 뒷받침하고 있다.
- **글의 짜임**

서론	최근 우리 밥상에서 쌀이 차지하는 자리가 점점 줄어들고 있다.
본론	• 논은 홍수를 예방하는 역할을 한다. • 논은 환경을 깨끗하게 해 준다. • 벼농사는 전통문화의 계승, 발전에 도움이 된다.
결론	벼농사를 지키자.

- **글쓴이의 주장** : 벼농사를 지키자.

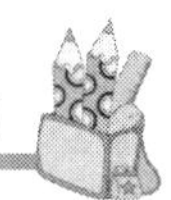

셋째, 벼농사는 전통문화의 계승, 발전에 도움이 된다. 정월 대보름, 단오, 추석 등 우리나라 고유의 명절은 모두 농업에서 비롯되었다. 추수에 감사하고 이듬해의 풍년을 기원하는 마음으로 모여서 춤과 노래를 즐기던 풍습이 오늘날의 추석이다. 풍물놀이, 두레 등의 오래된 전통문화도 벼농사에서 유래하였다. 이렇게 우리의 전통문화를 향유하고 보존하게 하는 벼농사는 무엇과도 바꿀 수 없는 가치를 지니고 있다.

쌀 소비량은 계속 줄어들고 있는 추세이다. 1인당 연간 쌀 소비량은 1970년도에 136킬로그램에서 2008년에는 75.8킬로그램으로 줄었다. 이렇듯 쌀 소비량이 줄어들면서 논도 급격히 줄어들고 있다. 하지만, 벼농사는 국토를 지켜 주고 환경을 정화하며 유지하고 발전시키는 국토 지킴이이자 전통문화를 보존하게 하는 문화 지킴이이다. 우리는 벼농사를 지켜야 한다. 우리가 먹는 밥 한 그릇이 벼농사를 지키는 힘이 될 것이다.

01 쌀 소비량이 줄어든 까닭은 무엇입니까?

　① 농사지을 땅이 부족하기 때문에

　② 농촌 인구가 늘어났기 때문에

　③ 토양이 오염되어 벼농사를 지을 수 없기 때문에

　④ 식습관이 서구화되어 육류와 유제품의 소비가 늘어났기 때문에

02 중국의 양쯔 강 변에서 홍수가 일어난 까닭은 무엇입니까?

03 우리나라의 전통문화 중에서 농업에서 비롯된 것이 <u>아닌</u> 것은 무엇입니까?

　① 추석　　　　　　　　　　② 단오

　③ 판소리　　　　　　　　　④ 정월 대보름

정답 01 ④　　　02 양쯔 강 변의 논을 농장과 도시로 개발하여서　　　03 ③

전통 음식을 사랑하자

요즈음 우리의 전통 음식보다는 외국에서 유래한 햄버거나 피자 등을 좋아하는 어린이의 모습을 쉽게 볼 수 있습니다. 이러한 음식은 지나치게 많이 먹으면 건강이 나빠지기도 합니다. 그에 비하여 우리의 전통 음식은 오랜 세월에 걸쳐 전하여 오면서 우리 입맛과 체질에 맞게 발전하여 왔기 때문에 여러 가지 면에서 우수합니다.

첫째, 전통 음식은 건강에 이롭습니다. 우리가 날마다 먹는 밥은 담백하여 쉽게 싫증이 나지 않으며 어떤 반찬과도 잘 어우러져 균형 잡힌 영양분을 섭취하기 좋습니다. 된장, 간장, 고추장 등의 발효 식품에는 무기질, 비타민이 풍부하게 들어 있어 몸을 건강하게 해 줍니다. 특히, 청국장은 항암 효과는 물론 해독 작용까지 뛰어나다고 합니다. 된장도 건강에 이로운 식품으로 알려져 있습니다.

둘째, 전통 음식을 가까이하면 계절과 지역에 따라 다양한 맛을 즐길 수 있습니다. 우리 조상은 생활 주변에서 나는 여러 가지 재료를 이용하여 계절에 맞는 다양한 음식을 만들어 왔습니다. 주변의 바다와 산천에서 나는 풍부하고 다양한 해산물과 갖은 나물이나 채소 등의 재료는 각각 고유한 맛을 가지고 있습니다. 이러한 재료를 이용하여 만들어진 여러 가지 음식은 지역의 특색을 살린 독특한 맛을 냅니다. 비빔밥의 경우, 콩나물을 비롯한 여러 가지 나물에 육회를 얹은 전주비빔밥, 해초로 맛을 낸 통영 비빔밥 등 그 지역의 특산물에 따라 다양하게 만들어졌습니다. 김치 또한 시원하고 톡 쏘는 맛이 강한 것과 맵고 진한 감칠맛이 나는 것 등 지역에 따라 다양한 맛으로 만들어진 것을 볼 수 있다.

핵심정리

- **글의 종류** : 논설문
- **글의 특징** : 전통 음식의 좋은 점을 들어 전통 음식에 관심을 갖고 사랑하자고 주장하고 있다.
- **주장과 근거**

주장	전통 음식에 관심을 가지고 사랑하자.
근거	• 전통 음식은 건강에 이롭다. • 전통 음식을 가까이하면 계절과 지역에 따라 다양한 맛을 즐길 수 있다. • 전통 음식에서 우리 조상의 슬기와 문화를 경험할 수 있다.

　　셋째, 우리의 전통 음식에서 우리 조상의 슬기와 문화를 경험할 수 있습니다. 우리 조상은 겨울을 나기 위하여 김장을 하고, 저장 온도와 저장 기간을 조절하여 겨울철에도 신선하게 채소를 먹을 수 있도록 하였습니다. 삼국 시대부터 발달한 염장 기술로 고기류와 어패류를 오랫동안 보관하여 맛있게 먹을 수 있도록 하였습니다. 또, 농경 생활 속에서 설이나 추석 등의 명절과 함께 세시 음식을 만들어 먹으며 정답게 어울려 지냈습니다.

　　우리나라의 전통 음식은 참살이 식품으로 세계 여러 나라 사람에게 주목을 받고 있습니다. 우리 조상의 넉넉한 마음과 삶에서 배어 나온 지혜가 담긴 전통 음식은 그 맛과 멋과 영양의 삼박자가 모두 갖추어져 있습니다. 우리는 전통 음식의 과학성과 우수성을 알고 전통 음식에 관심을 가지고 사랑하여야겠습니다.

01 이 글처럼 주장과 근거를 펴는 글쓴이의 상황이 나타나 있는 글의 종류는 무엇입니까?

　　① 논설문　　　　　　　　　② 기행문

　　③ 생활문　　　　　　　　　④ 설명문

02 전통 음식의 다양한 맛에 영향을 미치는 것은 무엇입니까?

　　① 가격, 지역　　　　　　　② 지역, 사람

　　③ 양념, 계절　　　　　　　④ 계절, 지역

03 이 글의 글쓴이의 주장은 무엇입니까?

정답 01 ①　　　02 ④

　　03 전통 음식에 관심을 가지고 사랑하자.

8 설명하는 글

> **어떻게 읽을까?**
>
> 1. 글쓴이의 관점을 파악하며 읽는다.
> 2. 글쓴이의 의도나 목적을 파악하며 읽는다.
> 3. 글쓴이의 관점과 내 생각을 비교하며 읽는다.

(1) 설명문의 특성

① 설명문은 어떤 문제나 사물을 상대방이 이해할 수 있도록 알기 쉽게 쓴 글이다.

② 뜻이 명확한 말을 사용하여 사실대로 설명한다.

③ 설명문의 짜임

　㉠ 처음 : 설명하고자 하는 문제나 사실, 그리고 어떻게 설명하는지 방법을 밝힌다.

　㉡ 가운데 : 설명할 주요 사실이나 문제를 구체적으로 설명한다.

　㉢ 끝 : 설명한 내용을 정리하고 마무리한다.

(2) 글쓴이의 관점을 파악하는 방법

① 글쓴이가 알려 주고 있는 내용이 무엇인지 알아본다.

② 글쓴이가 대상을 어떻게 생각하고 있는지 파악한다.

③ 글의 제목에 나타난 글쓴이의 생각을 파악한다.

🌱 글쓴이의 관점 : 글쓴이가 대상을 바라보는 시각이나 생각, 태도 등을 말한다. 같은 대상에 대하여 쓴 글이라도 관점에 따라 내용이 달라질 수 있다.

(3) 글쓴이의 의도나 목적을 파악하며 글을 읽는 방법

① 어떤 대상이나 사실에 대하여 썼는지 파악한다.

② 글쓴이의 관점을 파악한다.

③ 글쓴이가 무엇에 대하여 어떤 관점으로 보고 있는지 파악한다.

④ 글쓴이가 글을 통해 전하고 싶은 말을 파악한다.

공정 무역 초콜릿

초콜릿 1,000원당 카카오 재배지에 돌아가는 몫은 겨우 20원 정도에 불과하다. 초콜릿 생산자들은 카카오를 재배하는 비용을 낮추기 위하여 아프리카의 어린이들을 헐값에 동원하고 있다. 어린이들은 이른 아침부터 저녁 늦게까지 쉴 새 없이 고된 노동을 해야 하고, 보호 장비도 없이 농약을 치거나 높이가 10미터나 되는 나무에 올라가 카카오를 따야 한다.

- **글의 종류** : 설명문
- **글의 특징** : 공정 무역 초콜릿을 사면 아프리카의 어린이들과 카카오 재배 농민들을 도울 수 있다는 긍정적인 관점을 가지고 쓴 글이다.
- **글쓴이의 관점** : 공정 무역 초콜릿을 사는 것은 아프리카의 어린이들과 카카오 재배 농민들을 돕는다.

마침내 국제 시민 단체에서 이러한 사실을 알게 되었고, 이에 반대하는 '공정 무역 운동'이 일어나게 되었다. 공정 무역 운동은 카카오 재배 농민들이 수확한 농산품이나 그들이 만든 물건에 알맞은 값을 주고 거래하자는 운동이다.

공정한 무역으로 생산한 초콜릿을 '착한 초콜릿'이라고도 한다. 이 초콜릿은 어린이 노동력을 착취하지 않고 정당한 대가를 치르며 생산된 카카오로 만들어진다. 또, 농약과 비료를 최소화하여 만든다. 카카오 원료 생산에서부터 초콜릿으로 가공되기까지 강제된 노동력 없이 만들어진다.

공정 무역 초콜릿을 사는 사람이 늘어날수록 아프리카의 카카오 재배 농민들은 정당한 노동의 대가를 받으며 행복해질 수 있다. 농민들은 안정적 수입을 얻을 수 있고, 초콜릿 판매로 얻은 수입의 일부는 병원이나 학교를 짓는 등 생산지의 환경을 발전시키는 데 쓰이기도 한다. 초콜릿을 판매한 이익금으로 어린이들은 마음껏 학교에 다닐 수 있다. 그리고 그 이익금으로 농민 조합이 운영됨으로써 농민의 인권을 보호하고 그들의 자립을 도울 수 있다.

01 카카오 재배 농민들이 수확한 농산품이나 그들이 만든 물건에 알맞은 값을 주고 거래하자는 운동은 무엇입니까?

① 새마을 운동　　　　　　　② 초콜릿 판매 운동

③ 공정 무역 운동　　　　　　④ 인권 운동

02 공정한 무역으로 생산한 초콜릿을 무엇이라고 합니까?

① 착한 초콜릿　　　　　　　② 달콤한 초콜릿

③ 공정한 초콜릿　　　　　　④ 행복한 초콜릿

03 이 글에서 '공정 무역 초콜릿'에 대한 생각으로 알맞은 것은 무엇입니까?

① 부정적이다.　　　　　　　② 과학적이다.

③ 중립적이다.　　　　　　　④ 긍정적이다.

정답 **01** ③　　　**02** ①　　　**03** ④

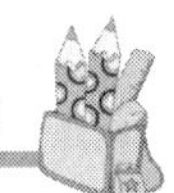

새로운 글, 훈민정음

핵 심 정 리

- **글의 종류** : 설명하는 글
- **글의 특징** : 훈민정음 창제에 담긴 뜻을 알고 한글에 자부심을 갖자는 글쓴이의 의도가 나타나 있다.

　지금으로부터 약 570년 전인 1443년에 세종 대왕은 집현전의 여러 학자와 더불어 스물여덟 자로 된 훈민정음을 창제하였다. 훈민정음은 '백성을 가르치는 바른 소리'라는 뜻으로 '소리'는 '글자', 즉 오늘날의 한글을 말한다.

　세종 대왕이 훈민정음을 창제하기 전에는 한자나 한자를 빌려 만든 글자를 사용하였다. 그런데 백성이 사용하기에는 너무 어려웠을 뿐만 아니라 그 뜻을 몰라 억울한 일을 당하기 일쑤였다.

　훈민정음의 창제 원리를 기록하고 있는 "훈민정음 해례본"에 따르면, "똑똑한 사람은 하루아침이면 훈민정음을 깨칠 수 있으며, 아무리 아둔한 사람이라도 열흘이면 충분히 깨칠 수 있다."라고 기록되어 있다. 또, 바람 소리, 닭이 홰치며 우는 소리, 개 짖는 소리, 변방의 소리까지도 훈민정음으로 표기할 수 있다고 하였다. 실제로 훈민정음은 세계에서 가장 배우기 쉽고 세상에 존재하는 거의 모든 소리를 표현할 수 있는 문자이기도 하다.

　이러한 훈민정음을 창제한 세종 대왕의 큰 뜻은 훈민정음을 만들어 반포하면서 지은 서문에 잘 나타나 있다. 세종 대왕이 훈민정음을 창제한 까닭은 글을 몰라 어려움을 겪는 백성이 자신의 생각을 배우기 쉬운 문자로 표현하고 사람들과 서로 소통하는 데 불편함이 없도록 하기 위한 것이었음을 알 수 있다.

　그러나 이렇게 백성을 사랑하는 세종 대왕의 큰 뜻에 모든 사람이 따르고 찬성한 것은 아니었다. 당시의 유학자 최만리는 세종 대왕의 훈민정음 창제에 대하여 강하게 맞서 반대하는 상소를 올렸다. 새로운 글자를 만들면 한자로 된 중국의 학문과 멀어지게 되어 우리의 학문과 문화의 수준이 떨어지게 된다는 걱정 때문이었다. 하지만, 그 어떤 반대로 백성을 위하여 문자를 만들어 주고자 하였던 세종 대왕의 큰 뜻을 꺾을 수는 없었다.

　전 세계적으로 인류의 역사를 보면 문자는 통치의 도구이며 권력과 지위의 상징

이었다. 문자를 소유한 자는 그 사회를 통치하고 이끌어 가는 힘을 가질 수 있었지만 문자를 소유하지 못한 자는 그 어떤 힘도 없이 지배의 대상이 될 뿐이었다. 글을 안다는 것은 곧 세상의 이치를 깨우치고 세상을 지혜롭게 살아가는 힘을 가지게 된다는 것을 의미하기 때문이다. 당시 지배 계층인 양반들이 어려운 한자만을 고집하고 세종 대왕의 훈민정음 창제를 반대한 것은 일반 백성이 글을 알게 되는 것을 원하지 않았기 때문이었다.

세종 대왕이 훈민정음을 창제함으로써 백성은 자신의 생각을 글로 잘 나타낼 수 있게 되었다. 억울한 일을 당하지 않고 세상을 살아가는 힘도 기를 수 있었다. 특히, 훈민정음이 창제됨으로써 한자를 아는 양반들만 누려 왔던 문화를 일반 백성도 누릴 수 있게 되었다.

01 세종 대왕이 훈민정음을 창제하기 전에는 어떤 글자를 사용하였습니까?

① 한글　　　　　　　　　　② 영어

③ 상형 문자　　　　　　　　④ 한자

02 "훈민정음 해례본"에서는 훈민정음의 장점이 무엇이라고 하였습니까?

① 글자 모양이 예쁘다.　　　② 다양한 소리를 표기할 수 있다.

③ 배우기가 어렵다.　　　　④ 쓰는 방법이 다양하다.

정답 **01** ④　　　　**02** ②

제2절 사건을 기록한 글

어떻게 읽을까?

1. 시간을 나타내는 말에 주의하며 읽는다.
2. 사건의 인과 관계를 생각하며 읽는다.
3. 원인이 되는 사건과 인물의 성격에 주의하며 읽는다.
4. 시간의 흐름, 사건의 원인과 결과를 생각하며 읽는다.
5. 당시의 현실과 인물의 성격이 사건 전개에 미치는 영향을 파악하며 읽는다.

1 사건을 기록한 글

(1) 사건을 기록한 글의 뜻

사건을 기록한 글은 실제 있었던 일을 시간 순서와 원인, 결과에 따라 정리한 글이다.

(2) 사건을 기록한 글의 특성

① 실제 있었던 일을 기록한 글이다.

② 사건이 일어난 순서가 나타나 있다.

③ 사건이 일어난 원인과 결과가 나타나 있다.

(3) 사건의 인과 관계

① 사건을 기록한 글에는 인과 관계가 있다.

② 인과 관계를 파악하며 글을 읽으면 사건이 일어난 차례를 잘 파악할 수 있다.

(4) 인물의 성격과 사건 전개의 관계

① 인물의 말이나 행동을 보면 성격을 알 수 있다.

② 인물의 성격은 사건과 관련 있고, 사건의 전개나 결과에 영향을 준다.

(5) 사건의 전개 과정을 정리하는 방법

① 여러 가지 사건 중에서 중요한 사건을 골라 정리한다.

② 사건이 일어난 순서대로 정리한다.

③ 사건이 일어난 원인과 결과를 중심으로 정리한다.

(6) 시간 순서를 바꾸어 전개한 글의 효과

① 시간 순서대로 전개한 글보다 더 재미있게 한다.

② 그다음 장면을 더 궁금하게 한다.

(7) 당시의 현실과 사건의 관련성을 파악하며 글을 읽어야 하는 까닭

① 사건이 일어난 까닭을 알 수 있다.

② 당시의 사건이 지닌 의미를 이해할 수 있다.

② 시간을 표현하는 방법

(1) 시간을 나타내는 말 중요

지나간 시간은 '과거', 지금은 '현재', 앞으로 다가올 시간은 '미래'라고 한다.

① 과거를 나타내는 말 예 어제, 작년, 어렸을 때, 열 살 때, 4학년 때, 그저께, 지난 주말, 일주일 전, 20여 년 전 등

② 현재를 나타내는 말 예 오늘, 지금, 올해, 요즈음 등

③ 미래를 나타내는 말 예 내일, 모레, 내년, 다음에, 일 년 뒤, 먼 훗날 등

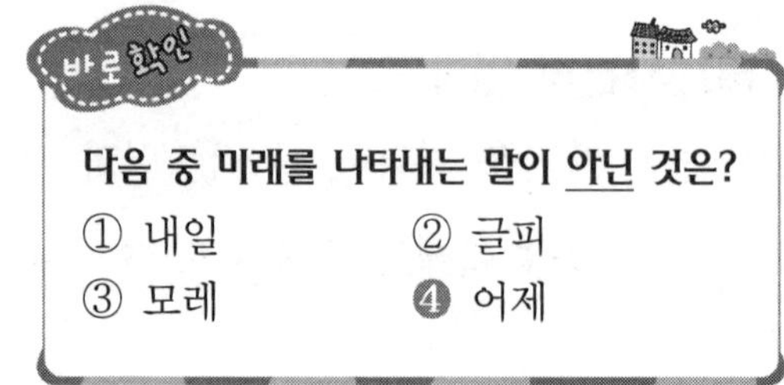

(2) 시간을 나타내는 말을 사용할 때 서술어에 쓰는 말

시간을 나타내는 말에 따라 서술어가 달라진다. 즉, 과거를 나타낼 때에는 서술어에 '-었-'을 쓰고, 현재를 나타낼 때에는 '-는-'을 쓴다. 또 미래를 나타낼 때에는 '-겠-(-을 것-)'을 쓴다.

① 과거를 나타낼 때에 쓰는 말 : '-었-' 예 나는 어제 책을 읽었다.

② 현재를 나타낼 때에 쓰는 말 : '-는-' 예 나는 지금 책을 읽는다.

③ 미래를 나타낼 때에 쓰는 말 : '-겠-, -을 것-' 예 나는 내일 책을 읽겠다. 나는 내일 책을 읽을 것이다.

1 시간을 나타내는 말을 바르게 선으로 이어 봅시다.

과거 ●	● 오늘, 지금 ●	● 먹었다
현재 ●	● 다음에, 내년에, 내일 ●	● 먹겠다
미래 ●	● 지난 주말, 어제, 작년에 ●	● 먹는다

2 시간을 나타내는 방법에 알맞게 문장을 만들어 봅시다.

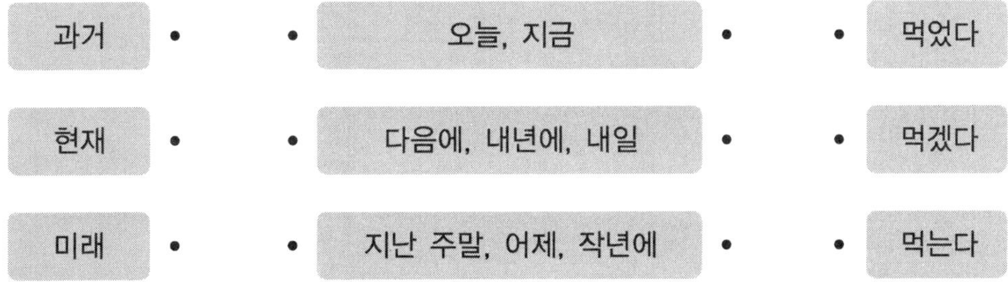

정답 **1** 과거 – 지난 주말, 어제, 작년에 – 먹었다   현재 – 오늘, 지금 – 먹는다
　　　 미래 – 다음에, 내년에, 내일 – 먹겠다
　　2 과거 : 나는 **어제** 춤을 **추었다.**
　　　 미래 : 나는 **내일** 춤을 **출 것이다(추겠다).**

마라톤 경기의 유래

마라톤 경기는 마라톤 전쟁에서 비롯되었다고 한다. 기원전 490년, 페르시아의 다리우스 1세는 그리스의 도시 국가인 아테네와 스파르타에 사신을 보내어 페르시아에 무조건 항복할 것을 요구하였다. 그러나 아테네는 페르시아의 터무니없는 항복 요구를 단호히 거부하고 오히려 항복을 권하러 온 사신을 돌려보내지 않았다.

이 소식을 들은 다리우스 1세는 매우 화가 나서 엄청난 군사를 보내어 아테네를 침공하였다. 페르시아의 장군 디디스는 수백 척의 전함과 대군을 이끌고 아테네의 해안에 상륙하였다.

아테네가 페르시아의 대군을 막아 내기에는 병력이 너무도 부족하였다. 나라가 망할 위기에 처하자 아테네는 스파르타에 즉시 지원군을 보내 달라고 요청하기로 하고, 당시 올림픽 경기의 달리기 선수이었던 필리피데스를 사자로 보냈다. 그러나 막상 필리피데스가 가지고 온 대답은 아테네를 더욱 절망에 빠지게 하였다. 스파르타는 군사를 보내어 도와줄 수 없다는 것이었다.

아테네는 홀로 페르시아를 대적할 수밖에 없었다. 나라의 위기를 맞은 아테네는 지략이 뛰어난 밀티아데스 장군에게 1만 명의 군사를 이끌고 전쟁에 나서게 하였다. 두 나라의 군대는 아테네에서 약 40킬로미터 떨어진 벌판에서 서로 맞서게 되었다. 바로 이곳이 마라톤 평원으로, 여기에서 역사적인 마라톤 전쟁이 벌어졌던 것이다.

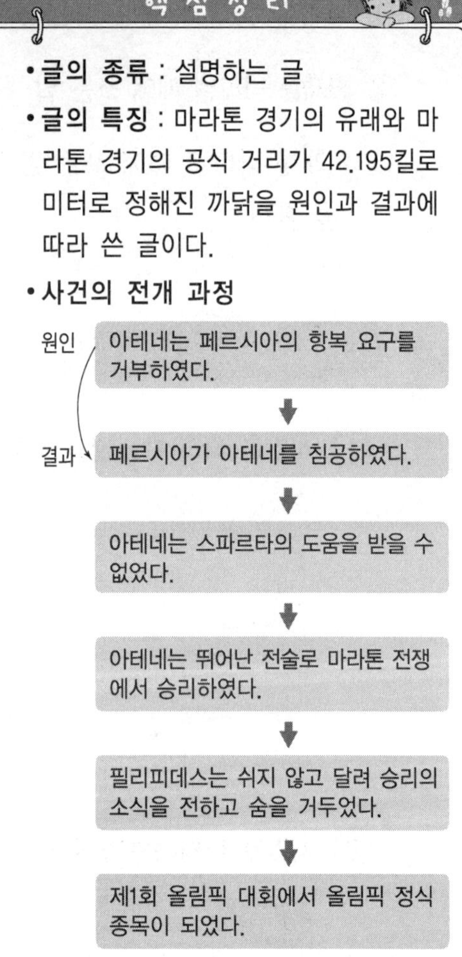

여러 가지 상황으로 볼 때 아테네군이 분명히 패배할 것으로 생각되었다. 그러나 아테네의 장군 밀티아데스는 뛰어난 전술로 페르시아의 군대를 궁지에 몰아넣었고, 아테네의 군사들은 목숨을 걸고 싸웠다. 결국 아테네는 이 전쟁에서 페르시아를 물리쳤다. 전쟁에서 승리한 기쁜 소식을 아테네에 알리기 위한 전령으로 필리피데스가 다시 뽑혔다. 그는 마라톤 평원에서 아테네까지 약 40킬로미터를 쉬지 않고 달려갔다.

"우리 아테네군이 이겼습니다."

필리피데스는 아테네의 시민들에게 이 한마디를 전하고 탈진한 나머지 그만 그 자리에서 숨을 거두었다.

그 뒤, 필리피데스를 기리기 위해서 고대 그리스에서 마라톤 경기가 시작되었다. 이러한 유래를 지닌 마라톤은 1896년에 그리스의 아테네에서 열린 제1회 올림픽 대회에서 프랑스의 쿠베르탱 남작의 제안으로 올림픽 정식 종목이 되었다.

하지만, 마라톤 경기를 하지 않는 국가도 있는데, 그 나라가 바로 이란이다. 이란은 마라톤 전쟁에서 패한 페르시아의 후손이기 때문이다. 그래서 1974년에 이란의 테헤란에서 열린 아시아 경기 대회에서는 마라톤이 경기 종목에서 제외되었다.

마라톤 경기에서 지금과 같이 42.195킬로미터의 거리를 달리게 된 것은 1908년 제4회 런던 올림픽 대회 때부터이다. 당시 올림픽조직위원회는 주경기장을 출발점으로 하는 42킬로미터의 코스를 설정하였다. 그러나 스포츠를 매우 좋아하였던 당시 알렉산드라 왕비가 윈저 궁의 발코니에 앉아 선수들의 출발 모습을 보고 싶다고 하여 출발점을 윈저 궁으로 변경하였다. 이렇게 하여 바뀐 거리가 42.195킬로미터이었고, 그 뒤에 이것이 마라톤 경기의 공식 거리로 굳어졌다.

01 아테네를 침략한 나라는 어디입니까?

① 프랑스　　　　　　　② 그리스

③ 스파르타　　　　　　④ 페르시아

02 필리피데스가 마라톤 평원에서 아테네까지 쉬지 않고 달린 까닭은 무엇입니까?

① 마라톤 전쟁에서 승리한 소식을 전하기 위해서

② 가족이 보고 싶어 집에 돌아가고 싶었기 때문에

③ 스파르타에 지원군을 요청하기 위해서

④ 아테네가 전쟁에서 질 것 같아서

03 이란에서 마라톤을 하지 않는 까닭은 무엇입니까?

정답 01 ④　02 ①　03 이란은 마라톤 전쟁에서 패한 페르시아의 후손이기 때문이다.

윤봉길의 의로운 외침

동경 사건이 전해지자, 미국과 하와이 동포들로부터 많은 편지가 왔다. 편지에는 이번 중일 전쟁에 우리도 한몫 끼어 중국을 도와서 일본과 싸우는 일을 하라는 내용도 있었다. 그러나 아무런 준비도 없이 어떻게 중일 전쟁에 끼어들 수 있으랴! 나도 그러고 싶은 마음은 간절하였지만, 우물에서 숭늉을 찾는 격이라 그만둘 수밖에 없었다.

그 대신 한 가지 꾀를 내어, 한국인 중에서 일본군 쪽을 드나드는 노동자를 이용하여 격납고와 군수품 창고를 폭파할 계획을 세웠다. 하지만 그 무렵, 중국이 일본에 굴복하여 전쟁이 끝나는 바람에 내 계획은 물거품이 되고 말았다.

1932년 상하이 사변을 계기로 상하이의 동포 청년들도 비밀리에 나를 찾아와 나라를 위하여 몸을 던질 일감을 달라고 간청하였다.

이에 나 역시 암살과 파괴 계획을 계속하여 실행에 옮기려고 사람을 찾았다. 이때 마침, 훙커우에서 채소 장사를 하는 윤봉길이 나를 찾아왔다. 그는 나를 찾아온 뜻을 이렇게 말하였다.

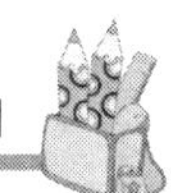

핵 심 정 리

- **글의 종류** : 자서전
- **글쓴이** : 김구
- **글의 특징** : 김구 선생님께서 윤봉길 의사를 만나 훙커우 공원 사건이 일어나기까지의 과정을 기록한 글이다.
- **시간의 흐름에 따라 사건의 인과 관계 정리**

거사를 실행에 옮길 사람을 찾고 있었다.

↓ 원인

윤봉길이 나라를 위해 싸우겠다며 찾아왔다

↓ 결과

훙커우 폭탄 사건을 계획하고 준비하였다. · 원인

↓ 원인

윤봉길이 훙커우 공원에서 폭탄을 터뜨려 일본군 대장들이 죽거나 다쳤다. · 결과

↓ 원인

몇몇 독립운동가와 학생이 잡혀가고 수색이 심해졌다. · 원인

↓ 결과

김구는 두 폭탄 사건의 주모자라는 성명서를 냈다. · 결과

“제가 애초에 상하이에 온 것은 무슨 큰일을 해 보려는 생각에서였습니다. 그래서 채소를 지고 훙커우 거리를 헤매면서 기회를 엿보고 있었는데, 이제 중일 전

쟁도 끝나 아무리 보아도 뜻깊게 죽을 자리가 없습니다. 혹시 이봉창 의사의 동경 사건과 같은 계획이 있거든 저를 써 주십시오.”

나는 그가 나라를 위하여 기꺼이 목숨을 버리겠다는 큰 뜻을 품고 있는 것을 보고 감격하였다.

⑤ “정말 반갑소. 그렇잖아도 마침 그대와 같은 훌륭한 인물을 찾고 있던 중이오.”

나는 윤봉길의 손을 잡고 계속 말을 이었다.

“왜놈들이 이번 싸움에서 이긴 뒤로 더욱 의기양양하여 오는 4월 29일 훙커우 공원에서 일왕의 생일을 축하하는 행사를 성대하게 치른다고 하오. 이때, 높은 자리에 있는 왜놈들이 많이 올 것인즉 본때를 보여 주는 것이 어떻겠소?”

⑩ “좋습니다. 이제부터 그날을 손꼽아 기다릴 테니 하루빨리 준비해 주십시오!”

윤봉길은 내 제안을 흔쾌히 응낙하였다.

얼마 뒤, 신문에는 이 행사에 대한 기사가 났다. 축하식에 참석하는 사람은 도시락과 물통과 일장기를 하나씩 들고 오라는 것이었다. 이 신문을 보고 나는 곧 사람을 시켜 물통과 도시락 모양을 본뜬 폭탄을 만들게 하였다.

⑮ 4월 29일이 점점 다가왔다. 나는 윤봉길에게 말쑥한 일본식 양복을 사 입혀서 날마다 훙커우 공원에 가서 식장의 모습과 당일에 폭탄을 던질 자리를 눈여겨보아 두라고 일렀다. 그리고 일본군 대장의 사진이며 일장기도 마련하게 하였다. 〈중략〉

윤봉길은 차창으로 고개를 내밀어 내게 인사를 하였다. 자동차는 큰 소리를 내며 천하 영웅 윤봉길을 태우고 훙커우 공원을 향하여 달렸다.

⑳ 그길로 나는 사람을 시켜 급히 안창호 선생에서 편지를 전하였다. 그 내용은 “오전 10시경부터 집에 계시지 마십시오. 무슨 큰 사건이 생길 듯합니다.” 하는 것이었다. 그런 다음, 이동녕 선생에게 달려가 지금까지 있었던 일을 다 알리고 좋은 소식이 들리기만을 기다렸다.

오후 3시쯤 비로소 신문 호외에 다음과 같은 보도가 났다.

㉕
> 훙커우 공원에서 있었던 일본인의 천장절 경축 행사에서 대량의 폭탄이 폭발하여 민단장 하단은 즉사하고, 백천 대장, 중광 대사, 야촌 중장 등 문무 대관이 다수 중상

이때부터 일제의 대규모 수색이 시작되었다. 나는 일단 몸을 숨긴 다음, 누가 잡혀가고 누가 무사한지 알아보았다. 내가 일부러 편지까지 보냈건만 불행히 안창호 선생이 잡히고, 그 밖에 장헌근, 김덕근과 몇몇 젊은 학생이 잡혔다. 그러나 독립운동 동지들이 대부분 무사한 것을 알고 다행이라고 생각하였다.

5 　그러나 날마다 수색의 손길이 뻗치는 바람에 동포들이 마음을 놓을 수가 없고, 나도 괜히 애매한 동포들이 잡혀갈까 걱정이 되었다. 그래서 '동경 사건이나 훙커우 폭탄 사건의 책임자는 나 김구'라는 성명서를 냈다. 이리하여 동경에서 일왕에게 폭탄을 던진 이봉창 사건과 훙커우 공원에서 일본군 대장을 살해한 윤봉길 사건은 김구가 주모자라는 사실이 전 세계에 알려졌다.

01 이 글의 종류는 무엇입니까?

① 논설문　　　　　　　② 설명문

③ 전기문　　　　　　　④ 자서전

02 윤봉길이 김구를 찾아온 까닭은 무엇입니까?

① 김구에게 채소를 팔기 위해서

② 동경 사건의 주모자가 누구인지 궁금해서

③ 나라를 위하여 기꺼이 목숨을 버리겠다고 마음먹었기 때문에

④ 도시락 폭탄을 만들기 위해서

03 훙커우 공원에서 폭탄을 터뜨린 사람은 누구입니까?

① 김구　　　　　　　　② 윤봉길

③ 이봉창　　　　　　　④ 안창호

정답 01 ④　 02 ③　 03 ②

기본 다지기 문제

01 다음 중 시간을 정확하게 표현한 문장은?

① 나는 내일 책을 읽는다.　　　　② 지혜는 내일 등산을 갈 것이다.

③ 수진이는 지금 밥을 먹었다.　　④ 홍기는 어제 노래를 부를 것이다.

> 해설
> ① 나는 내일 책을 읽겠다(읽을 것이다).　③ 수진이는 지금 밥을 먹는다.
> ④ 홍기는 어제 노래를 불렀다.

02 사건을 기록한 글의 특성으로 알맞지 <u>않은</u> 것은?

① 운율이 나타난다.　　　　　　② 실제 있었던 일을 기록한 글이다.

③ 사건이 일어난 순서가 나타나 있다.　④ 사건이 일어난 원인과 결과가 나타나 있다.

> 해설
> ① 시의 특성이다.

03 다음은 어느 때를 나타내는 말인가 ?

어제, 그제, 이틀 전

① 과거　　　　　② 현재

③ 미래　　　　　④ 현재와 미래

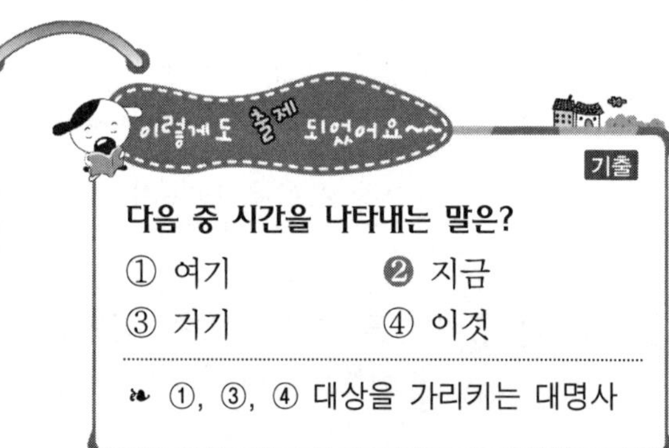

> 해설
> '어제, 그제, 이틀 전'은 과거를 나타내는 말이다.

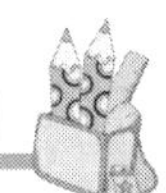

제3절 의견이 담긴 글

1 사실과 의견

1. 글의 내용이 사실인지, 글쓴이의 의견인지 구별하며 읽는다.
2. 글에 제시된 사실이 정확한 것인지 확인하며 읽는다.
3. 글쓴이의 의견은 올바른 사실을 바탕으로 하여 제시된 것인지 따져 보며 읽는다.

(1) 의견과 의견을 뒷받침하는 사실 (중요)

주장이 담긴 글은 사실과 의견으로 이루어진다. 사실과 의견을 구별하여 읽으면 글의 내용을 올바르게 이해할 수 있다.

다음 중 '사실'을 나타낸 문장은?
① 정말 놀라운 일이야.
❷ 친구들은 박수를 쳤다.
③ 그분은 훌륭한 분이다.
④ 인기 가수가 광고하니까 좋은 걸 거야.

① 사 실
    ㉠ 사실은 보고, 듣고, 한 일 등의 경험을 있는 그대로 적은 것이다.
    ㉡ 사실은 주로 정보와 지식을 전달하고 내용이 객관적이다.
    ㉢ 예 : 서울은 우리나라에서 가장 큰 도시이다. 윤호는 어제 '이순신 장군'을 읽었다.

② 의 견
    ㉠ 의견은 그 사실에 대한 글쓴이의 견해나 주장을 적은 것이다.
    ㉡ 의견은 내용이 주관적이며, 설득을 목적으로 한다.
    ㉢ 예 : 나는 그 정다운 아저씨를 평생 동안 잊을 수가 없다. 오늘은 비가 올 것 같으니 우산을 가지고 가거라.

> 　　임금의 노여움을 사면 목숨마저 위태로웠던 시대에 이런 상소문을 올렸다는 것은 실로 놀라운 일이다. 더구나 그 임금은 이 선비의 학문과 인품을 높이 사서 여러 번 벼슬을 내린 분이었다.
>
> • 사실이 담긴 부분 : 더구나 그 임금은 ~벼슬을 내린 분이었다.
> • 의견이 담긴 부분 : 임금의 노여움을 ~실로 놀라운 일이다.

(2) 의견을 뒷받침하는 사실 나타내기

① 정확한 통계 자료를 통해 얻은 내용을 제시한다.

② 사진, 기사 등을 이용한다.

③ 직접 보거나 들은 것, 겪은 일 등에서 적절한 예를 찾는다.

❷ 여러 의견 비교하기

(1) 여러 의견을 비교하며 글을 읽는 까닭

① 어떤 결정을 하거나 문제를 해결해야 할 때에 여러 의견이 나올 수 있다.

② 의견을 서로 비교하면 어느 것이 더 좋은지 결정하기 쉽다.

(2) 글에 제시된 의견을 비교하는 방법

① 의견을 제시하는 목적에 알맞은지 생각한다.

② 실천할 수 있는 의견인지 생각한다.

③ 제시된 의견들의 공통점과 차이점을 생각한다.

3 의견 나누기

(1) 다른 사람의 의견이 적절한지 판단하여야 하는 까닭

① 사람마다 생각이 다를 수 있기 때문이다.

② 다른 사람의 의견이 적절한지 판단해야 내 생각을 결정할 수 있기 때문이다.

(2) 의견이 적절한지 판단할 때에 주의할 점

① 의견을 내놓게 된 문제 상황을 잘 이해한다.

② 글에서 의견과 그 까닭을 찾는다.

③ 의견과 그 까닭이 어울리는지 살펴본다.

④ 다른 사람도 그 까닭을 받아들일 수 있는지 생각한다.

(3) 내 의견 제시하기

① 글쓴이의 의견에 대하여 내 의견을 제시하면 좋은 점

　㉠ 문제 상황에 대하여 더 잘 이해할 수 있다.

　㉡ 글쓴이의 의견과 그 까닭이 적절한지 판단하는 데 도움이 된다.

② 글쓴이가 제시한 의견과 그 까닭이 적절한지 판단하기

　㉠ 까닭이 의견을 뒷받침하는지 생각한다.

　㉡ 다른 사람들도 의견과 그 까닭을 받아들일 수 있는지 생각한다.

③ 글쓴이의 의견에 대하여 내 의견을 제시할 때에 주의할 점

　㉠ 글쓴이의 의견에 대한 다른 의견은 없는지 생각하여 본다.

　㉡ 문제 상황이나 주제와 어울리는 의견을 제시한다.

　㉢ 내 의견을 뒷받침할 만한 까닭을 제시한다.

④ 글쓴이의 생각

1. 글쓴이의 생각을 파악하며 읽는다.
2. 글쓴이가 추구하는 가치를 파악하며 읽는다.

(1) 설득하는 글 속에는 글쓴이의 생각과 글쓴이가 추구하는 가치가 담겨 있다.

(2) 글쓴이의 생각 알아보는 방법

① 글쓴이의 처지를 알아본다.

② 글쓴이가 읽는 이에게 바라는 내용과 주장하는 내용이 무엇인지 생각해 본다.

(3) 글쓴이가 추구하는 가치를 파악하는 방법

① 글쓴이의 주장에 어떤 뜻이 담겨 있을지 생각해 본다.

② 글쓴이가 무엇을 소중하게 여기는지를 생각해 본다.

다음 글에서 글쓴이가 강조한 정신은 무엇인가?

> 서로 협동하는 정신을 길러야 합니다. 대한의 일은 대한 사람 스스로 하는 것과 동시에 모두 역할을 나누어 협동하자는 말입니다. 어떤 사람은 무슨 일을 자기 혼자 하겠다는 생각을 합니다. 그러면 자기 혼자만 잘되고 싶은 마음이 생겨 하려는 일은 되지 않고 오히려 다툼이 생깁니다.

① 역할을 나누면 다툼이 생긴다.
❷ 서로 협동하는 정신을 길러야 한다.
③ 일을 자기 혼자 하겠다는 생각을 해야 한다.
④ 혼자 하고 싶은 마음일 때 일이 더 잘 된다.

➴ 글쓴이(안창호)는 대한의 젊은이들에게 서로 협동하는 정신을 길러야 한다고 강조하고 있다.

작품 다지기 1

착한 생각

사람의 마음을 농사짓는 밭에 비유한다면, 그 마음에서 생겨나는 '착한 생각'은 무엇에 비유할 수 있을까요? 그것은 아마도 밭에서 자라는 보리나 콩이나 채소 같은 것들이겠지요.

그렇다면 그 마음에서 생겨나는 '나쁜 생각'은 무엇에 비유할 수 있을까요? 글쎄요, 아마도 잡초라고 하면 어떨까요? 그럴듯하지 않습니까? 나쁜 생각이 우리의 바른 성장을 방해하듯이 잡초는 유익한 곡식들이 자라는 것을 방해하지요. 그뿐만 아니라, 잡초는 대단히 끈질겨서 뽑아내도 자꾸 생겨난답니다.

사실, 우리들 마음에도 나쁜 생각이 한번 비집고 들면 쉽게 사라지지 않고 우리를 계속 꼬이려 하지 않습니까? 그리고 이런 나쁜 생각들이 마음에 자리잡으면, 착한 생각이 발붙일 틈이 없게 되어 자라기가 어렵게 되지요. 마치 잡초가 무성한 밭에 곡식이나 채소가 잘 자랄 수 없는 것처럼 말입니다.

밭에 배추나 무를 심어 본 사람들은 압니다. 잘 가꾸기 위해서는 많은 노력을 기울여야 한다는 것을. 밭에 씨만 뿌려 놓는다고 해서 배추나 무가 잘 자란다면 얼마나 좋겠습니까? 거름도 주어야 하고, 날씨가 가물면 물도 주어야 합니다. 무엇보다도 잡초가 생기면 바로 뽑아 주어야

- **글의 종류** : 주장하는 글
- **중심 생각** : 나쁜 마음을 버리고 착한 마음을 갖자.
- **글의 특징** : 착한 생각을 보리나 콩, 채소에 비유하여 착한 마음을 가져야 한다고 주장하는 글이다.
- **글에 나타난 사실과 의견**

사실	• 잡초는 유익한 곡식들이 자라는 것을 방해하지요. • 잡초는 대단히 끈질겨서 뽑아내도 자꾸 생겨난답니다. • 잡초가 생기면 바로 뽑아 주어야 합니다. • 방은 창으로 들여다볼 수 있습니다.
의견	• 나쁜 생각은 우리의 바른 성장을 방해하듯이 • 나쁜 생각들이 자리 잡으면, 착한 생각이 발붙일 틈이 없게 되어 자라기가 어렵게 되지요. • 마음이 겉으로 드러나는 것이 얼굴 표정이니까 창이라고 비유하면 되지 않겠습니까? • 좋은 마음은 좋은 표정으로 나타납니다. • 우리는 우울하고 나쁜 마음을 버리고 밝고 착한 마음을 가져야 합니다.

합니다. 잡초는 그대로 두면 퍼져 나가는 힘이 커서 밭을 온통 차지하니까요.

우리들 마음이 착한 생각으로 가득하면 어떻게 될까요? 농사가 잘된 것처럼 풍성한 수확을 거두게 되겠지요. 좋은 곡식과 채소는 우리 몸에 유익합니다. 마음의 밭에서 잘 길러진 착한 생각도 우리가 훌륭한 사람이 되는 데에 반드시 필요합니다.

5 　이번에는 사람의 마음을 방이라고 생각하여 봅시다. 그렇다면 사람의 얼굴 표정은 무엇에 비유하는 것이 적절할까요? 마음이 겉으로 드러나는 것이 얼굴 표정이니까 창이라고 비유하면 되지 않겠습니까? 바깥에서 방을 보면 방이 직접 보이지는 않고 창만 보입니다. 그래서 "마음은 방이요, 표정은 창이다."라고 표현할 수 있는 거지요.

10 　방은 창으로 들여다볼 수 있습니다. 방이 어두우면 창이 어둡고, 방이 밝으면 창도 밝을 수밖에 없습니다. 좋은 마음은 좋은 표정으로 나타납니다. 그러므로 우리는 우울하고 나쁜 마음을 버리고 밝고 착한 마음을 가져야 합니다. 그것이 그대로 표정이 되어서 얼굴에 나타나니까요.

01 이 글의 종류는 무엇입니까?

① 설명하는 글　　　　　　　② 동화

③ 주장하는 글　　　　　　　④ 기행문

02 다음 중 글쓴이의 의견에 해당하는 것은 무엇입니까?

① 나쁜 생각은 우리의 바른 성장을 방해한다.

② 잡초는 생기면 바로 뽑아 주어야 한다.

③ 잡초는 뽑아내도 자꾸 생겨난다.

④ 잡초는 유익한 곡식들이 자라는 것을 방해한다.

정답 01 ③　　　02 ①

목화값은 누가 물어야 하나?

옛날, 어느 마을에 목화 장수 네 사람이 살고 있었다. 그들은 싼 목화가 있으면 함께 사서 큰 광 속에 보관하여 두었다가 값이 오르면 팔았다. 그런데 그 광에는 쥐가 많아 목화를 어지럽히기도 하고 오줌을 싸기도 하였다. 목화 장수들은 궁리 끝에 광에 고양이를 기르기로 하고 똑같이 돈을 내어 고양이를 샀다. 그러고는 공동 책임을 지기 위하여 고양이의 다리 하나씩을 각자 몫으로 정하고 보살피기로 하였다.

어느 날, 고양이가 다리 하나를 다쳤다. 그 다리를 맡은 목화 장수는 고양이 다리에 산초 기름을 발라 주었다. 그런데 마침 추운 겨울철이라, 아궁이 곁에서 불을 쬐던 고양이의 다리에 불이 붙고 말았다. 고양이는 얼른 시원한 광 속으로 도망을 쳐서 목화 더미 위에서 굴렀다. 순식간에 목화 더미에 불이 번져 광 속의 목화가 몽땅 타 버리고 말았다.

네 명의 목화 장수는 뜻하지 않게 큰 손해를 보게 되었다. 그러자 고양이의 성한 다리를 맡고 있던 세 명의 목화 장수가 투덜투덜 불평을 늘어놓았다.

"이번 불은 순전히 고양이의 아픈 다리를 맡고 있던 저 사람 때문이야. 하필이면 불이 잘 붙는 산초 기름을 발라 줄 게 뭐야?"

"맞아. 그러니 목화값을 그 사람에게 물어 달라자."

세 사람은 고양이의 아픈 다리를 맡고 있던 사람에게 목화값을 물어내라고 하였다. 억울한 그 목화 장수는 절대 목화값을 물어 줄 수 없다며 큰 싸움을 벌였다.

- **글의 종류** : 이야기(전래 동화)
- **글의 특징** : 기르던 고양이 때문에 몽땅 타 버린 목화값을 누가 물어내야 하는지에 대한 목화 장수 네 사람의 의견이 담긴 이야기이다.
- **등장인물의 의견**
  - 고양이의 성한 다리를 맡고 있던 세 명의 목화 장수 : 고양이의 아픈 다리를 맡고 있던 목화 장수가 불이 난 책임을 지고 목화값을 물어 주어야 한다.
  - 고양이의 아픈 다리를 맡고 있던 목화 장수 : 고양이가 광으로 도망친 것은 성한 세 다리 때문이므로 절대 목화값을 물어 줄 수 없다.

"불이 붙은 고양이가 광으로 도망칠 때는 성한 세 다리로 도망쳤잖아? 그러니까 광에 불이 난 것은 순전히 너희가 맡은 세 다리 때문이야."

아무리 싸워도 해결이 나지 않자, 네 사람은 고을 사또를 찾아가 판결을 해 달라고 부탁하였다.

01 고양이의 아픈 다리를 맡고 있던 목화 장수가 광에 불이 난 것을 성한 다리를 맡고 있는 세 사람 때문이라고 말한 까닭은 무엇입니까?

① 고양이가 성한 세 다리로 도망쳤기 때문이다.

② 고양이의 성한 세 다리에 불이 붙었기 때문이다.

③ 목화값을 물어내기 싫었기 때문이다.

④ 똑같이 돈을 내어 고양이를 샀기 때문이다.

02 고양이의 성한 다리를 맡고 있던 세 명의 목화 장수가 아픈 다리를 맡고 있는 목화 장수에게 물어내라고 한 것은 무엇입니까?

① 고양이 다리 치료비   ② 산초 기름값

③ 목화값   ④ 새 고양이 살 돈

정답 01 ①   02 ③

작품 다지기 3

당나귀를 팔러 간 아버지와 아들

어느 날, 아버지와 아들이 당나귀를 끌고 시골길을 걷고 있었습니다. 당나귀를 시장에 내다 팔러 가는 길이었습니다.

여름이라 햇볕이 매우 뜨거웠습니다. 아버지와 아들은 땀을 뻘뻘 흘리며 걸었습니다. 지나가던 농부가 그 모습을 보더니 비웃었습니다.

"미련한 사람들이군. 이 더위에 당나귀를 타고 가야지 끌고 가다니……."

그 말을 들은 아버지는 아들을 당나귀 등에 태웠습니다.

커다란 나무 앞을 지날 때였습니다. 별안간 벼락 치는 듯한 호통 소리가 들려왔습니다.

"예끼! 이 고얀 녀석! 아버지를 걷게 하고 자기 혼자 당나귀를 타고 가다니……."

나무 밑에서 노인들이 앉아 이야기를 나누고 있었는데, 노인들이 보기에는 아들이 굉장히 버릇이 없어 보인 것입니다. 아들은 얼른 당나귀 등에서 내렸습니다.

이번에는 아버지가 당나귀를 타고 아들이 걸어갔습니다. 그 모습을 본 동네 아주머니들이 호들갑을 떨었습니다.

"어머나, 세상에! 저 아버지 좀 봐. 이렇게 더운 날에 아들을 걷게 하고 자기 혼자 편하게 당나귀를 타고 가네. 두 사람이 함께 타고 가면 될 것을……."

그래서 아버지는 아들도 당나귀 등에 태웠습니다.

당나귀는 점점 지쳐 갔습니다. 비틀비틀 힘겹게 걸어가는 당나귀를 보고 지나가던 청년이 말하였습니다.

"저런, 불쌍해라. 여보시오, 힘없는 당나귀가 가엾지도 않소? 나 같으면 당나귀를

- **글의 종류** : 이야기(전래 동화)
- **글의 특징** : 당나귀를 팔러 가던 아버지와 아들이 다른 사람들의 의견을 그대로 따르다가 당나귀를 잃어버렸다는 이야기이다.
- **등장인물의 의견**
  - 농부 : 당나귀를 타고 가야 한다.
  - 노인 : 아버지가 당나귀를 타고 가야 한다.
  - 동네 아주머니 : 아버지와 아들이 함께 당나귀를 타고 가야 한다.
  - 청년 : 당나귀를 메고 가야 한다.

함께 메고 가겠소이다.”

아버지가 듣고 보니 그 말이 맞는 것 같았습니다. 아버지와 아들은 당나귀의 앞 발과 뒷발을 밧줄로 묶어 장대에 매달았습니다. 그러고는 당나귀를 묶은 장대를 어깨에 짊어지고 다시 길을 떠났습니다.

5 그런데 다리를 건널 때 당나귀가 힘들어 버둥거리는 바람에 그만 장대를 놓쳐 버렸습니다. 결국 당나귀는 시냇물에 떠내려가고 말았습니다. 아버지는 속으로 '다른 사람의 말을 다 들으려다 결국 당나귀는 잃고 말았구나.' 하고 한탄하였습니다.

01 다음 중 청년의 의견은 무엇입니까?

① 당나귀를 타고 가야 한다.

② 아버지가 당나귀를 타고 가야 한다.

③ 아들이 당나귀를 타고 가야 한다.

④ 당나귀를 메고 가야 한다.

02 이 글의 교훈으로 알맞은 것은 무엇입니까?

① 다른 사람의 의견을 무시하자.

② 어른들의 의견만 존중하자.

③ 다른 사람의 의견은 적절한지 판단하며 듣자.

④ 물건을 팔러 갈 때는 당나귀를 타고 가자.

정답 01 ④ 02 ③

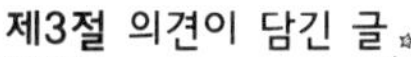

기본 다지기 문제

01 다음 중 '의견'을 표현한 것은?

① 철수는 무지개를 보았다.

② 영수는 수학 공부를 하였다.

③ 영희는 선생님께 칭찬을 들었다.

④ 철희가 자리를 양보하는 것이 좋겠다.

　①, ②, ③ 사실을 나타낸 문장

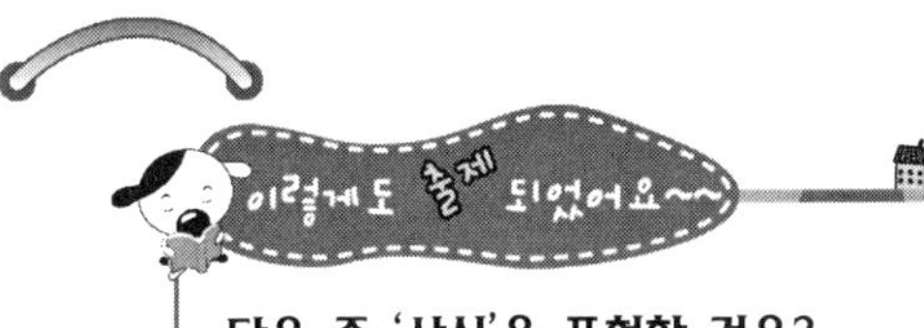

> **기출**
>
> 다음 중 '사실'을 표현한 것은?
>
> ① 좋은 채소를 기르듯 착한 생각을 가지자.
>
> ② 소영이가 발표하는 것이 좋겠다.
>
> ③ 신호등을 잘 지켜 교통사고를 예방하자.
>
> ❹ 민수는 청소를 하였다.
>
> 　①, ②, ③ 의견을 나타낸 문장

02 글쓴이의 의견에 대하여 내 의견을 제시할 때에 주의할 점이 <u>아닌</u> 것은?

① 글쓴이의 의견에 대한 다른 의견은 없는지 생각하여 본다.

② 글쓴이의 의견은 무조건 반대한다.

③ 내 의견을 뒷받침할 만한 까닭을 제시한다.

④ 문제 상황이나 주제와 어울리는 의견을 제시한다.

03 의견이 적절한지 판단하여야 하는 까닭으로 알맞은 것은?

① 다른 사람의 의견이 항상 옳기 때문이다.

② 다른 사람이 문제를 해결해 줄 수 있기 때문이다.

③ 사람마다 생각이 같기 때문이다.

④ 내 생각을 정하여 문제를 해결할 수 있기 때문이다.

　사람마다 생각이 다를 수 있기 때문에 다른 사람의 의견이 적절한지 판단해야 내 생각을 결정할 수 있다.

제4절 정보가 담긴 글

1 필요한 정보를 찾으며 글 읽기

어떻게 읽을까?

1. 필요한 정보를 정하고, 그 정보를 찾을 방법이 무엇인지 알아본다.
2. 정보를 찾는 목적과 필요한 정보가 무엇인지 생각하며 읽는다.
3. 필요한 정보를 찾아 내용을 정리하며 읽는다.
4. 여러 종류의 자료에서 얻은 정보를 정리하며 읽는다.

(1) 필요한 정보를 미리 찾아보면 좋은 점

① 미리 계획을 세울 수 있다.

② 시간과 비용을 절약할 수 있다.

(2) 자료에서 얻은 정보 읽기

① 여러 종류의 자료에서 정보를 찾으면 좋은 점

㉠ 다양한 정보를 비교할 수 있다.

㉡ 더 정확한 정보, 가장 최신의 정보를 얻을 수 있다.

㉢ 미처 생각하지 못하였던 정보를 얻을 수 있다.

② 여러 종류의 자료에서 정보를 찾는 방법

㉠ 책, 신문, 인터넷 등 여러 종류의 자료를 읽는다.

㉡ 여러 종류의 자료에서 얻은 정보를 비교하면서 읽는다.

㉢ 정보가 믿을 만한 가치가 있는지 판단하면서 읽는다.

㉣ 조사하려는 목적을 생각하며 제시된 자료를 읽는다.

㉤ 자료를 통하여 알게 된 정보를 정리하며 읽는다.

❷ 사전을 찾아 가며 읽기

> **어떻게 읽을까?**
>
> 1. 잘 모르는 낱말이나 내용에 밑줄을 그으며 읽는다.
> 2. 알고 싶은 것을 사전에서 찾아보고 내용을 정리한다.

(1) 글을 읽을 때에 사전이 필요한 경우

① 어려운 낱말이나 내용이 들어 있는 글을 읽을 때

② 민속, 인물, 속담 등 어떤 주제에 대하여 조사할 때

③ 글을 읽다가 좀 더 자세하게 알고 싶은 부분이 있을 때

(2) 글을 이해하기 위하여 사전을 활용하는 방법

① 잘 모르는 낱말이나 내용, 좀 더 자세히 알아보고 싶은 내용을 표시하며 글을 읽는다.

② 표시한 낱말이나 내용을 이해하려면 어떤 사전을 찾아야 할지 정한다.

③ 목적에 맞는 적절한 사전을 찾아서 조사한다.

(3) 여러 가지 사전

① 국어사전 : 어려운 낱말의 뜻이나 사용되는 예를 찾을 수 있다.

② 백과사전 : 대상에 대하여 더 자세한 내용을 알아야 할 때에 활용한다.

③ 인명사전 : 유명한 사람에 대하여 일정한 순서에 따라 설명한 사전

④ 속담 사전 : 속담의 뜻을 알고 싶을 때

⑤ 식물도감, 동물도감 : 동식물에 대하여 자세히 설명한 사전

⑥ 민속 도감 : 우리나라 전통 민속에 대하여 알고 싶을 때

⑦ 우리말 유래 사전 : 우리말이 원래 어떤 뜻에서 나왔는지 알 수 있다.

(4) 사전 찾기 중요

① 낱말이 국어사전에 실리는 순서

첫소리	ㄱ ㄲ ㄴ ㄷ ㄸ ㄹ ㅁ ㅂ ㅃ ㅅ ㅆ ㅇ ㅈ ㅉ ㅊ ㅋ ㅌ ㅍ ㅎ
가운뎃소리	ㅏ ㅐ ㅑ ㅒ ㅓ ㅔ ㅕ ㅖ ㅗ ㅘ ㅙ ㅚ ㅛ ㅜ ㅝ ㅞ ㅟ ㅠ ㅡ ㅢ ㅣ
끝소리	ㄱ ㄲ ㄳ ㄴ ㄵ ㄶ ㄷ ㄹ ㄺ ㄻ ㄼ ㄽ ㄾ ㄿ ㅀ ㅁ ㅂ ㅄ ㅅ ㅆ ㅇ ㅈ ㅊ ㅋ ㅌ ㅍ ㅎ

② 국어사전에서 낱말을 찾는 방법

　㉠ 낱말의 첫소리, 가운뎃소리, 끝소리의 순서대로 찾는다.

'사전'을 국어사전에서 찾기

(1) 첫 번째 글자인 '사'를 찾는다.

사 → ㅅ 첫소리
　　　ㅏ 가운뎃소리

(2) 두 번째 글자인 '전'을 붙여 글자가 짜인 순서대로 찾는다.

전 → ㅈ 첫소리
　　　ㅓ 가운뎃소리
　　　ㄴ 끝소리

ⓛ 모양이 바뀌는 낱말 : '낮고, 낮아서, 낮으니'와 같은 형태의 낱말은 사전에서 찾을 수 없다. 사전에 수록되어 있는 말은 기본형뿐이기 때문에 사전에서는 '낮다'를 찾아야 한다.

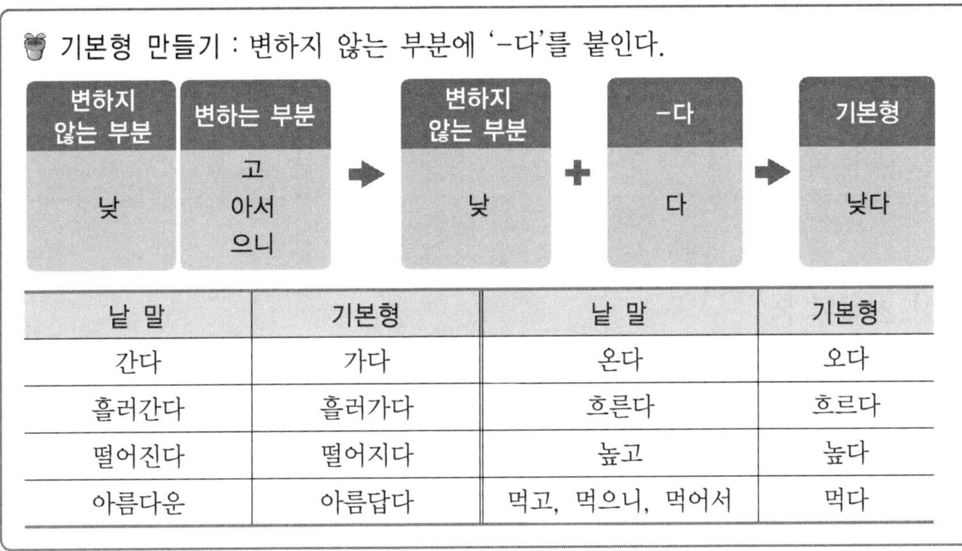

낱 말	기본형	낱 말	기본형
간다	가다	온다	오다
흘러간다	흘러가다	흐른다	흐르다
떨어진다	떨어지다	높고	높다
아름다운	아름답다	먹고, 먹으니, 먹어서	먹다

ⓒ 합쳐진 말은 하나의 낱말로 찾는다. 예를 들어, '사전에서'는 '사전 + 에서'가 합쳐진 말이므로 '사전'만 찾는다.

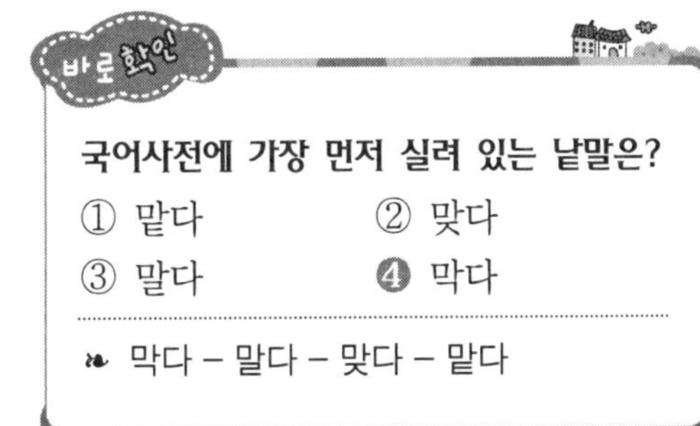

낱말의 뜻을 생각하며 글을 읽을 때에 주의할 점

1. 서로 연결되어 있는 앞뒤 낱말과 문장을 주의 깊게 읽고, 앞뒤 문장의 연결 관계를 잘 살펴보고 그 뜻을 짐작해 본다.
2. 뜻이 비슷한 낱말이나 반대 되는 낱말로 바꾸어 보고 뜻을 짐작해 본다.

③ 서 평

1. 책에 대하여 어떤 점을 소개하거나 평가하고 있는지 생각하며 읽는다.
2. 같은 책에 대한 다양한 서평을 비교하며 읽는다.
3. 그 책이 나에게 필요한 책인지 판단하며 읽는다.

(1) 서평의 뜻

서평은 책의 내용과 특징을 소개하면서 책의 가치를 평가한 글이다. 서평에는 소개되는 책에 대한 정보와 평가 등이 담겨 있다.

(2) 서평의 특성

① 서평에는 책에 대한 소개나 평가가 담겨 있다.

② 서평을 쓰는 사람, 쓰는 목적에 따라 서평의 내용이 달라질 수 있다.

③ 책에 대하여 소개하는 내용이 많은 서평도 있고, 책의 가치를 평가하는 내용이 많은 서평도 있다.

④ 서평에서 책에 대하여 소개하는 내용은 비슷할 수 있지만, 책에 대한 평가는 쓴 사람마다 다를 수 있다.

(3) 서평이 우리에게 주는 도움

① 서평을 읽으면 책의 내용을 짐작할 수 있고, 그 책이 나에게 필요한 책인지 알 수 있다.

② 다른 사람들이 그 책에 대하여 어떻게 평가하였는지 알 수 있다.

③ 서평을 읽고 그 책을 읽을 것인지 읽지 않을 것인지 결정할 수 있다.

4 광 고

1. 광고하는 대상이 무엇인지 확인하고, 특별히 강조하는 것이 무엇인지, 사진이나 그림, 글, 소리 등을 어떻게 인상적으로 사용하고 있는지 살펴본다.
2. 글에 담긴 의미를 생각하고, 광고가 전하려는 생각을 알아본다.
3. 광고의 내용 중에서 거짓되거나 과장된 표현이 없는지 알아본다.
4. 광고에 나타난 상품의 가치를 바르게 판단한다.

(1) 광고의 뜻

광고는 상품이나 생각을 알리고 권장하는 것이다.

(2) 광고의 성격

① 광고는 설득을 목적으로 한다.

② 광고는 사람들의 마음을 움직이기 위하여 글, 그림, 소리 등을 사용한다.

(3) 광고의 표현 특성

① 광고는 사람들이 오래 기억하도록 알리려는 내용이나 대상을 인상적으로 표현한다.

② 광고는 주제가 잘 드러나도록 글이나 그림, 사진, 소리 등을 효과적으로 사용한다.

(4) 광고를 읽을 때에 주의할 점

① 거짓이 아닌 사실만을 말하였는가?

② 지나치게 부풀려 말하지 않았는가?

③ 상품의 좋은 점이 잘 드러났는가?

④ 사고 싶은 마음이 들도록 표현하였는가?

광고문의 특징이 <u>아닌</u> 것은?
① 기발한 생각이 담겨 있다.
② 짧고 재미있는 문장으로 되어 있다.
❸ 육하원칙에 의하여 줄거리를 표현한다.
④ 한 번만 보아도 머릿속에 남는 글이다.

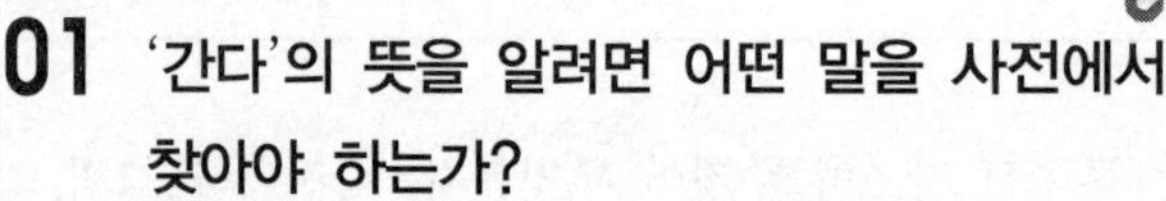

기본 다지기 문제

01 '간다'의 뜻을 알려면 어떤 말을 사전에서 찾아야 하는가?

① 가서 ② 가다
③ 간다 ④ 가니

'간다'의 기본형은 '가다'이다.

기출

국어사전에서 낱말을 찾을 때 가장 먼저 나오는 것은?

❶ 교육 ② 정치
③ 사회 ④ 문화

'교육 – 문화 – 사회 – 정치'의 순서로 나온다.

02 다음 중 광고문의 특징으로 알맞은 것은?

① 자세히 설명한 글
② 육하원칙에 의하여 쓴 글
③ 서론, 본론, 결론으로 구성한 글
④ 한 번만 들어도 머릿속에 남는 글

① 설명문, ② 기사문, ③ 논설문

기출

다음 광고에서 전하려는 내용은 어느 것인가?

① 가공 식품은 건강을 해친다.
② 음식은 꼭꼭 씹어서 먹어야 한다.
❸ 일회용품 사용이 환경 파괴의 원인이다.
④ 산에는 간편한 음식을 가지고 가야 한다.

일회용품 사용은 10분이지만 일회용품이 땅에서 썩는 데는 100년이라는 말로, 일회용품은 사용하기는 쉽지만 없애기는 어렵다는 뜻이다.

03 서평에 담겨 있는 내용이 <u>아닌</u> 것은?

① 책에 대한 평가 ② 책의 내용
③ 책에 대한 정보 ④ 서점의 이름

서평에는 소개되는 책에 대한 정보와 평가 등이 담겨 있다.

정답 01 ② 02 ④ 03 ④

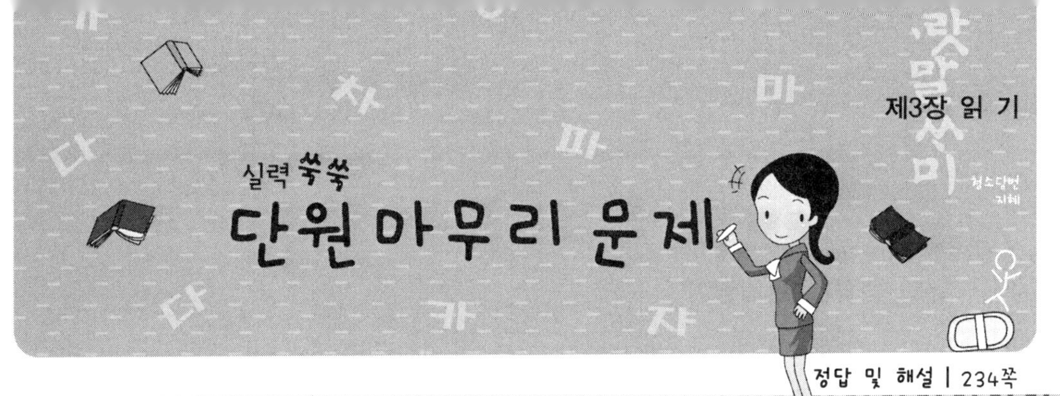

◀ 1절 글의 종류에 따라 읽는 방법 ▶

01 다음 시의 밑줄 친 부분과 같은 표현에 대한 설명으로 알맞은 것은?

> 누나는 내 어깨를
> <u>토닥토닥 토닥토닥</u>
> 달래 주어요.

① 말을 줄이기
② 비유하기
③ 연으로 나누기
④ 말을 반복하기

◀ 2절 사건을 기록한 글 ▶

02 당시의 현실과 사건의 관련성을 파악하며 글을 읽어야 하는 까닭으로 알맞은 것은?

① 현실은 사건 전개에 영향을 주지 않기 때문이다.
② 글쓴이에 대하여 더 잘 알 수 있기 때문이다.
③ 현실과 사건은 인과 관계가 없기 때문이다.
④ 사건이 일어난 까닭을 알 수 있기 때문이다.

◀ 1절 글의 종류에 따라 읽는 방법 ▶

03 시조에 대한 설명으로 알맞지 <u>않은</u> 것은?

① 우리나라 고유의 정형시이다.
② 대개 3·4조를 기본으로 하는 운율이 있다.
③ 주로 지위가 높은 사람들이 부르던 노래이다.
④ 내용은 생활 체험에서 우러나오는 다양한 정서이다.

◀ 1절 글의 종류에 따라 읽는 방법 ▶

04 다음 글의 종류는 무엇인가?

> **박**
>
> 지붕 위에 주렁박
> 우물가에 두레박
> 기둥 위에 뒤웅박
>
> 방구석에 조롱박
> 물 떠 먹는 표주박
> 싸전 가게 쌀뒷박.

① 극본
② 설명문
③ 전래 동요
④ 전기문

◀ 2절 사건을 기록한 글 ▶

05 다음 중 시간을 나타내는 말이 <u>아닌</u> 것은?

① 10월
② 보름 전쯤
③ 갑자기
④ 내년

◀ 3절 의견이 담긴 글 ▶

06 다음에서 '사실'을 나타낸 것은 어느 것인가?

① 생명을 보호해야 한다.
② 내일은 아마도 비가 올 것 같다.
③ 봄에는 아름다운 꽃이 많이 핀다.
④ 아마도 우리 반에서 제일 착한 사람은 지혜일 것이다.

◀1절 글의 종류에 따라 읽는 방법 ▶

※ 다음 글을 읽고 물음에 답하시오. (7~8)

장 발장

때 : 1815년 10월, 어느 날 저녁 무렵
곳 : 프랑스 남쪽에 있는 디뉴 마을
나오는 사람들 : 장 발장, 여관 주인, 부인

　㉠ 장 발장이 초라한 모습으로 컴컴한 골목을 터벅터벅 걸어오고 있다. 먼 길을 와서 그런지 몹시 피곤해 보인다. 장 발장은 한 여관으로 들어선다.

여관 주인 : (오는 사람을 쳐다보지도 않고) 어서 오십시오.
장 발장 : (　㉡　) 여기서 하룻밤 묵었으면 합니다만 ……

---

07 밑줄 친 ㉠ 부분을 무엇이라고 하는가?

① 해설　　　　　　　　　　② 지문
③ 대사　　　　　　　　　　④ 대화

08 ㉡의 (　) 안에 들어갈 말로 가장 알맞은 것은?

① 따지듯이　　　　　　　　② 노래하듯이
③ 지친 목소리로　　　　　　④ 억울하다는 듯이

09 다음 중 우리나라의 옛글이 <u>아닌</u> 것은?

① 장끼전　　　　　　　　　② 방구 아저씨
③ 홍길동전　　　　　　　　④ 장화홍련전

◀4절 정보가 담긴 글▶

10 다음 중 서평의 특징이 <u>아닌</u> 것은?

① 책에 대한 평가가 담겨 있다.　　② 책에 대하여 소개한 글이다.

③ 책에 대한 평가는 사람마다 똑같다.　　④ 책의 내용을 짐작할 수 있다.

◀1절 글의 종류에 따라 읽는 방법▶

11 다음 중 시간적 배경을 나타내는 말이 <u>아닌</u> 것은?

① 해질 무렵　　② 점심시간

③ 수목원　　④ 토요일 오후

◀1절 글의 종류에 따라 읽는 방법▶

12 논설문과 관계가 <u>먼</u> 것은?

① 자기의 주장을 나타낸 글이다.

② 처음, 가운데, 끝의 짜임으로 이루어진다.

③ 주장과 그 근거가 분명하게 나타난다.

④ 문장에 느낌이 많이 나타난다.

◀1절 글의 종류에 따라 읽는 방법▶

13 한 문장을 두 문장으로 만들 때 (　　) 안에 들어갈 말은?

> 오늘은 온종일 비가 내렸으나 기분 좋은 하루였다.
> → 오늘은 온종일 비가 내렸다. (　　　) 기분 좋은 하루였다.

① 그러나　　② 그래서

③ 그러므로　　④ 그리하여

◀ 1절 글의 종류에 따라 읽는 방법 ▶

14 다음 글의 종류는?

> 윷놀이는 우리나라 고유의 민속놀이이다. 좁은 장소에서 남녀노소 누구나 함께 즐길 수 있는 대표적인 놀이의 하나이다. 윷놀이는 중국의 '저포'라는 놀이에서 전래되었다는 이야기도 있지만, 우리나라에서는 이미 삼국 시대 이전부터 널리 행해져 왔다.

① 전기문   ② 설명문

③ 논설문   ④ 전래동요

◀ 1절 글의 종류에 따라 읽는 방법 ▶

15 ㉠, ㉡, ㉢, ㉣의 글의 종류가 알맞게 연결된 것은?

> ㉠ 이 몸이 죽고 죽어 일백 번 고쳐 죽어
> ㉡ 검사 : (빈정거리듯이) 그래요? 왜 그런 일을 하지요?
> ㉢ 너의 답장을 기다리고 있을게.
>   2000년 O월 O일 선숙이가
> ㉣ 간디는 1869년 10월 2일 인도에서 태어났다.

	㉠	㉡	㉢	㉣
①	극본	시조	편지	전기문
②	편지	극본	전기문	시조
③	시조	편지	극본	전기문
④	시조	극본	편지	전기문

◀ 4절 정보가 담긴 글 ▶

16 다음 낱말을 국어사전에서 찾을 때 가장 먼저 나오는 것은?

① 아버지   ② 학교

③ 친구   ④ 소지품

◀ 2절 사건을 기록한 글 ▶
17 다음은 어느 때의 일을 나타낸 문장인가?

> 요리사는 꾸중을 들었습니다.

① 지금의 일　　　② 미래의 일　　　③ 지나간 일　　　④ 앞으로의 일

◀ 1절 글의 종류에 따라 읽는 방법 ▶
18 희곡에서 인물의 행동이나 표정을 나타내는 부분을 무엇이라 하는가?

① 해설　　　　② 지문　　　　③ 대사　　　　④ 독백

◀ 1절 글의 종류에 따라 읽는 방법 ▶
19 인물 사이의 갈등을 일으키는 원인이 되지 <u>않는</u> 것은?

① 인물의 처지　　　　　　　② 인물의 가치관
③ 인물의 생김새　　　　　　④ 인물의 마음

◀ 2절 사건을 기록한 글 ▶
20 다음 중 과거 시간을 나타내는 말은?

① 작년　　　　② 지금　　　　③ 앞으로　　　　④ 모레

◀ 4절 정보가 담긴 글 ▶
21 다음 중 어려운 낱말의 뜻을 알고 싶을 때 찾아볼 사전은?

① 국어사전　　　② 백과사전　　　③ 인명사전　　　④ 식물도감

◀【1절 글의 종류에 따라 읽는 방법】▶
22 전기문에 나타나 있는 내용으로 알맞지 <u>않은</u> 것은?

① 인물의 업적   ② 인물의 가치관

③ 인물이 살았던 시대 상황   ④ 인물의 삶에 감동을 받은 사람

◀【2절 사건을 기록한 글】▶
23 다음 밑줄 친 부분을 지나간 말로 고치면?

> 무령왕릉의 연꽃무늬 벽돌은 매우 <u>아름답다</u>.

① 아름다워   ② 아름다웠다

③ 아름답겠다   ④ 아름다울 것이다

◀【1절 글의 종류에 따라 읽는 방법】▶
24 웃음을 주는 글의 표현 특성이 <u>아닌</u> 것은?

① 과장된 표현이 많이 사용된다.   ② 예상 밖의 결말은 웃음을 준다.

③ 진지하고 어려운 내용이 많다.   ④ 재치 있는 표현이 들어 있다.

◀【3절 의견이 담긴 글】▶
25 글을 읽을 때 여러 의견을 비교하며 읽어야 하는 까닭은?

① 더 좋은 의견을 찾기 위해서   ② 글을 더 빨리 읽기 위해서

③ 내 의견을 인정받기 위해서   ④ 인물의 성격을 알기 위해서

정답

01. ④	02. ④	03. ③	04. ③	05. ③
06. ③	07. ①	08. ③	09. ②	10. ③
11. ③	12. ④	13. ①	14. ②	15. ④
16. ④	17. ③	18. ②	19. ③	20. ①
21. ①	22. ④	23. ②	24. ③	25. ①

01 시에는 같은 말이 되풀이되거나 글자 수가 일정하게 반복되는 부분이 있는데, 이것을 반복되는 표현이라고 한다.

02 당시의 현실과 사건의 관련성을 파악하며 글을 읽어야 하는 까닭
- 사건이 일어난 까닭을 알 수 있다.
- 당시의 사건이 지닌 의미를 이해할 수 있다.

04 전래 동요는 예로부터 전해 내려오는 어린이들의 노래이다.

06 ①, ②, ④ 의견을 나타낸 문장

07 해설 : 때, 곳, 나오는 사람 등을 설명하는 부분

08 ( )안에 있는 문장을 지문이라 하고, 장발장의 초라한 모습과 걸음걸이로 보아 지친 목소리로 말하는 것이 적당하다.

09 ② 「방구 아저씨」는 창작 동화이다.

10 서평에서 책에 대하여 소개하는 내용은 비슷할 수 있지만 책에 대한 평가는 쓴 사람마다 다를 수 있다.

11 ③ 공간적 배경

12 논설문은 자기의 주장을 내세워 독자를 설득하고자 하는 글이다.

13 '그러나'는 앞의 문장과 서로 반대되는 문장이 어어질 때 쓴다.

14 윷놀이가 민속놀이라는 것을 앞에 나오게 하고 윷놀이에 대한 내용을 구체적으로 설명하고 있는 글이다.

15 ㉠ 시조, ㉡ 극본, ㉢ 편지, ㉣ 전기문

16 소지품 – 아버지 – 친구 – 학교 순으로 나온다.

17 들었습니다 : 과거를 나타낼 때에는 서술어에 '–었–'을 쓴다.

19 인물 사이에 갈등이 생기는 까닭은 어떤 대상이나 사건에 대한 인물의 마음, 인물의 가치관, 인물이 처한 처지가 서로 다르기 때문이다.

20 ② 현재
③, ④ 미래를 나타내는 말

21 ② 백과사전 : 대상에 대하여 더 자세한 내용을 알아야 할 때
③ 인명사전 : 유명한 사람에 대하여 알고 싶을 때
④ 식물도감 : 식물에 대하여 알고 싶을 때

22 전기문은 인물의 삶을 사실에 근거하여 쓴 글로, 인물이 살았던 시대 상황, 인물의 업적, 인물의 신념이나 가치관이 나타나 있다.

23 ① 현재형, ② 과거형, ④ 미래형

24 웃음을 주는 글을 읽으면 재미와 즐거움을 느낄 수 있다.

25 이야기 속 등장인물의 의견을 비교하면 이야기의 내용을 더 잘 이해할 수 있고 누구의 의견이 더 타당한지 알 수 있다.

제3장 읽기

시험에 꼭 나오는 **핵심정리**

❶ 비유적 표현 `144쪽`

- 직유법 : '~처럼', '~같이'라고 표현하는 방법 例 사과 같은 내 얼굴, 구름이 하얀 솜처럼, 하늘이 바다같이
- 은유법 : '~은(는) ~이다.'라고 표현하는 방법 例 책은 마음의 양식이다.

❷ 희곡(극본) `168쪽`

연극을 하기 위한 대본으로, 해설, 지문, 대사로 이루어져 있다.

> - 때 : 낮
> - 곳 : 삐삐네 집 앞
> - 나오는 사람 : 삐삐, 토마스, 아니카, 선생님, 학생들
>
> 삐삐 : 자, 착한 아저씨, 아저씨는 베란다에서 살아. (삐삐가 말을 베란다에 앉히고 귀리 상자를 연다.) 여기 귀리가 조금 있어. 어때, 좋지?

❸ 시간을 나타내는 말 `192`

- 과거를 나타내는 말 例 어제, 작년, 그저께, 지난 주말, 일주일 전 등
- 현재를 나타내는 말 例 오늘, 지금, 올해, 요즈음 등
- 미래를 나타내는 말 例 내일, 모레, 내년, 다음에, 일 년 뒤 등

❹ 국어사전에서 낱말 찾기 `214쪽`

낱말의 첫소리, 가운뎃소리, 끝소리의 순서대로 찾는다.

첫소리	ㄱ ㄲ ㄴ ㄷ ㄸ ㄹ ㅁ ㅂ ㅃ ㅅ ㅆ ㅇ ㅈ ㅉ ㅊ ㅋ ㅌ ㅍ ㅎ
가운뎃소리	ㅏ ㅐ ㅑ ㅒ ㅓ ㅔ ㅕ ㅖ ㅗ ㅘ ㅙ ㅚ ㅛ ㅜ ㅝ ㅞ ㅟ ㅠ ㅡ ㅢ ㅣ
끝소리	ㄱ ㄲ ㄳ ㄴ ㄵ ㄶ ㄷ ㄹ ㄺ ㄻ ㄼ ㄽ ㄾ ㄿ ㅀ ㅁ ㅂ ㅄ ㅅ ㅆ ㅇ ㅈ ㅊ ㅋ ㅌ ㅍ ㅎ

MEMO

풀리는

초졸 국어 ●중학교 입학자격 검정고시 대비●

개정판발행	2026년 1월 12일
초 판 발 행	2012년 1월 19일
편 저 자	검정고시학원연합회
발 행 인	전 순 석
발 행 처	정훈사
주 소	서울특별시 중구 마른내로72 421호
등 록 번 호	2-3884
전 화 번 호	02-737-1212
팩 스	02-737-4326

※ 본서의 무단전재·복제를 금합니다.

ISBN 978-89-6129-793-6